读懂
经济学

[美]霍华德·亚鲁斯（Howard Yaruss）◎著
赵善江◎译

UNDERSTANDABLE
ECONOMICS

图书在版编目（CIP）数据

读懂经济学 /（美）霍华德·亚鲁斯著；赵善江译
. -- 北京：中国友谊出版公司，2024.3
ISBN 978-7-5057-5827-8

Ⅰ.①读… Ⅱ.①霍… ②赵… Ⅲ.①经济学—通俗读物 Ⅳ.① F0-49

中国国家版本馆 CIP 数据核字 (2024) 第 009103 号

著作权合同登记号　图字：01-2024-1586

UNDERSTANDABLE ECONOMICS: BECAUSE YOU CAN'T IMPROVE A SYSTEM YOU DON'T UNDERSTAND by HOWARD YARUSS
Copyright © 2022 BY HOWARD YARUSS
This edition arranged with SUSAN SCHULMAN LITERARY AGENCY, LLC
through BIG APPLE AGENCY, LABUAN, MALAYSIA.
Simplified Chinese edition copyright:
2024 Beijing Standway Books Co., Ltd
All rights reserved.

书名	读懂经济学
作者	[美]霍华德·亚鲁斯
译者	赵善江
出版	中国友谊出版公司
发行	中国友谊出版公司
经销	新华书店
印刷	大厂回族自治县德诚印务有限公司
规格	710 毫米 ×1000 毫米　16 开 14 印张　183 千字
版次	2024 年 3 月第 1 版
印次	2024 年 3 月第 1 次印刷
书号	ISBN 978-7-5057-5827-8
定价	79.00 元
地址	北京市朝阳区西坝河南里 17 号楼
邮编	100028
电话	（010）64678009

致大卫

他总能让平凡无奇的事显得卓尔不凡,

让真正非同凡响的事看似有可能发生。

前 言

> 如果你无法简单明了地解释清楚它，那说明你对它了解得不够透彻。
>
> ——阿尔伯特·爱因斯坦（Albert Einstein）

经济学并不是一门需要学习者具备高深的专业知识或使用专业工具才能通晓的学科，但许多经济学家并不认同这一观点。生物学与经济学不同。学习生物学时，学习者既需要掌握有机化学知识，还需要在实操过程中借助显微镜等器械，才能知晓活细胞的内部情况。天体物理学与经济学也不同。学习天体物理学时，学习者既需要了解宇宙中各种力之间的关系，还需要借助功能强大的天文望远镜，才能进一步观察黑洞，了解黑洞的性质。

与心理学类似，经济学是一门旨在理解人机互动，以及其如何对我们周遭的世界产生影响的社会科学。经济学研究关注可支配货币购买的商品、服务，以及资源与货币之间的关系。经济学专家往往会使用数据和数学工具精准地厘清其中的关系。只要我们愿意认真地观察世界并运用自己的常识，经济学中这些基本关系就会变得浅显易懂。本书的目标就是帮助你做到这一点。

我并非在向大家灌输该思考些什么或如何思考，但现在有很多"权威人士"、网红及网络名流乐此不疲。我只是想以一种直截了当、敦本务实而且轻松愉悦（希望如此）的方式揭开经济学的神秘面纱。我希望读者能主动思考这些问题，并得出自己的结论。并非每个人都会得出完全相同的结论，但我们的目标是以世界实际运作的方式为基础，具备辨别什么政策可以从根本上改善我们的经济生活现状的真知灼见。

相信很多人都想知道下列问题的答案：

- 为什么经济不平等会越来越严重，我们能做些什么？
- 是否存在能代替资本主义解决其自身所造成的问题的机制？
- 为什么比特币（Bitcoin）和我们钱包里的纸钞都有价值？
- 会出现能够替代美元的货币吗？
- 为富人减税能创造更多就业机会还是只会带来更多不平等的现象？
- 为什么即便有很多人因自由贸易而失业，也仍有很多人认为自由贸易利大于弊？
- 我们如何影响公司的行为？
- 为什么经济会出现周期性下滑，如何才能让经济重回正轨？
- 美国联邦储备系统（Federal Reserve System）是什么？它对我们有什么影响？
- 我们的国债是否过多，是否应限制政府未来的开支？
- 什么政策有助于提振经济？

本书既包含必要的背景知识，又分析论述了现实世界中发生的真实案例，因此，读完此书，你就可以信心满满地对上述这些问题做出极具洞察力的回应。

大多数人都没学过经济学，也许你也是第一次尝试了解推动经济发展的因素。即便是学过经济学的人，曾经学到的很可能也只是一系列令人困惑的行话、公式、图表和假设，而且这些东西似乎与现实世界毫无瓜葛，最多只能使人对上述问题的了解达到一知半解的程度。大多数与经济学相关的书籍也如出一辙，都是采用同样枯燥的编著方法，若非决心通读全书的读者，很快就会对那些书失去兴致。

我之所以对这种现象极其熟悉，是因为我曾经就是众多下定决心要学习经济学的学子中的一员，也曾在众多课程和不计其数的书籍中苦苦挣扎。我为什么会如此坚定？我在布鲁克林区（Brooklyn）长大，小时候家里的经济状况差，经常入不敷出。我十几岁时就开始工作，大部分的青春岁月都是在父亲的杂货店里劳作度过。也是在那时，我开始深刻地意识到人们在教育、安全、物质生活和人生际遇方面存在巨大差距。我看到这种差距让一部分人变得愤世嫉俗、听天由命或是庸庸碌碌，还有一部分人则决心迎难而上。我对这些能够攻坚克难的人崇拜不已。我觉得，人要想生活在更加公平、丰饶的社会环境中，就必须要明白这种社会环境的运作机制。我相信，这对于你而言亦是如此。

我希望读者们不再需要依赖他人的指导，能够依靠自己的力量为自身所面临的问题找到最佳解决方案。我希望读者们能够判断哪位政治家提出的政策既有利于发展经济，又能创造更多机会。我希望读者们能够信心满满地依靠自身对经济体系的了解提出解决方案。我希望读者们有能力为自己所提出的解决方案辩护，并驳斥社交媒体平台中铺天盖地的歪理邪说。

当前，我们比以往任何时候都更需要了解这些知识。越来越多的人认为美国的经济体系正处在崩溃的边缘，秉持这种观点的人数之多前所未见，并且他们的理由也很充分。社会收入水平停滞不前，中产阶级的就业机会不断减少，经济增长速度持续放缓，所产出的微薄收益几乎全都被富人收入囊中。人们对这些经济变化也做出了各种不同的反应，从占领华尔街运动（Occupy Wall Street）到唐纳德·特朗普（Donald Trump）当选总统等。这些反应的共同之处是什么呢？那就是大多数美国人的生活并没有因此而产生积极的变化。

本书力图改变这种现状。我相信，如果更多人了解经济运行方式，我们所面临的问题就能迎刃而解，最终，人们的经济状况也会得到改善。无论是想要改变世界，还是想更精准地评估公职候选人，抑或只是想要了解有关经济学的新知识，我都希望本书能帮助你了解各种可能出现的情况，激励你为国家变得更加公正、更加富庶贡献一份力量。

正如人们常说的那样，民主并不是一项用来观赏的体育运动。打造健康的民主需要像你这样博学多识的人参与其中。

目 录

第一部分 经济体系

第 1 章 资本主义：生产什么及如何分配 / 002

第 2 章 不断变化的经济：人们对美国经济体系失去信心的原因 / 012

第 3 章 货币：黄金、美元及加密货币 / 024

第二部分 人

第 4 章 支出、生产及收入：破解经济规模的密码 / 042

第 5 章 劳动收入、投资收入及财富：区分劳动和资本收入 / 054

第 6 章 开放的经济体：国际贸易与我们的未来 / 061

第三部分 企业

第 7 章 私有企业和股票市场：企业的组织与掌控 / 076

第 8 章 企业行为：企业运营的驱动因素 / 087

第 9 章 企业并购与减少竞争：受少数企业主宰的行业日益增多的原因 / 105

第四部分　经济周期

第 10 章　繁荣与萧条:"涨"与"跌"的底层逻辑 / 114

第 11 章　美国联邦储备系统和银行:美联储的作用与货币发行 / 122

第 12 章　货币政策:美国联邦储备系统如何应对经济衰退 / 135

第 13 章　财政政策:政府支出和税收政策何以对抗经济衰退 / 142

第五部分　政府

第 14 章　国家债券:财政预算失衡的代价 / 160

第 15 章　政策与收入:塑造更公平、高效的经济体系 / 172

第 16 章　税收、支出和收入分配:政府在收入分配中的作用 / 181

后记 / 199

注释 / 201

致谢 / 211

第一部分

经济体系

第1章　资本主义：生产什么及如何分配

> 资本主义的顽瘴痼疾在于无法平等分配上帝的恩赐。
>
> ——温斯顿·丘吉尔（Winston Churchill）

资本主义、社会主义和其他"主义"及现实

海伦·凯勒（Helen Keller）、阿道夫·希特勒（Adolph Hitler）、奥斯卡·王尔德（Oscar Wilde）、纳尔逊·曼德拉（Nelson Mandela）等人的共同之处是什么？他们均自称"社会主义者"。向来不会因循惯例，总是与现状格格不入的美国前总统唐纳德·特朗普被称为"保守派"；指责媒体不忠于真相的人被称为"自由主义者"；以讨好政客为生的谄媚者则被称为"资本主义者"。显然，诸多与此类似的经济、政治领域的核心术语，其意义早已被曲解得面目全非。时过境迁，诸如"资本主义者""社会主义者"等概念不断遭到曲解和政治化，它们早已不再是对个人世界观简洁而准确的归纳总结，俨然已经成了标签式的代名词。因此，这些术语对公正、客观地审视我们所处的经济体系以及深入了解其真实的运作方式已然毫无用处。

要认识经济学，我们需要先从弄懂最基本的经济学问题入手：如何分配，以及由谁来生产？如今，需要被分配的事物比比皆是（如汽车、手机、

高等教育资源及经济学书籍等），需要被生产的物品同样数不胜数（如生产汽车、装配手机、教学及编撰经济学书籍等），这都需要有专人做出不计其数的决策。这些决策是如何被确定的呢？

一方面，决策可以由政府统一制定。在这种情况下，一切事物均归政府所有，所有的决策均由政府做出。政府可以决定生产多少粮食（以及由谁来生产）、开采多少煤矿（以及由谁来开采）。政府还可以决定谁可以住在滨海豪宅，谁又只能蜗居在工厂附近的狭小公寓里。卡尔·马克思（Karl Marx）也曾就这种集体主义制度进行过论述，他将其概括为"各尽所能，按需分配"。这种制度类似于美国教科书中所定义的"共产主义"和"马克思主义"。

另一方面，个人也可以制定这些决策。在这种情况下，一切事物都属于私人所有。每个人都可以自由利用自己的时间和资源做自己想做的事。显然，这些决策彼此关联，因为你耗费时间所做的事会极大地影响你购买商品的能力；反之亦然。在做这类决策的过程中，政府几乎不发挥任何作用，或发挥的作用极其有限。在这种体系下，极端的情况是政府甚至根本不会存在。在不太极端的情况下，即便个人行为会给社会带来直接危害，如污染环境、生产危险品或不具备医学知识却行医问诊，政府也只能进行很有限的干预。这种体系类似于教科书中所定义的"自由主义"及"自由放任"（laissez-faire[①]）。

我们可以认为现实世界中真实存在的所有经济体系均介于以上两种极端情况之间，即介于统一决策（极左）和个人决策（极右）之间。那么，"资本主义"是什么样的经济体系呢？

在美国教科书中，资本主义的定义是指一种经济体系，其中各类业务

[①] 法语，意为"顺其自然"。

（生产资料）均属个人私有，归个人管理，并非归政府集体所有，亦不受政府集体管理。美国和其他大多数西方国家通常被称为资本主义国家，但它们并非完全符合这一定义，因为它们的生产资料远未达到真正的"私人所有和管理"的标准。这些国家会管控产品的生产方式、类型、地域及生产者，通过所得税制度成为各个企业的合作伙伴，并且会直接参与生产，提供从教育到住房再到食品等各种商品和服务；同时，这些国家也有权决定企业能否合并或收购其竞争对手的企业，以及管控企业对员工的待遇和薪酬。如果允许个人完全自由且不受约束地控制企业，而且完全按照对"资本主义"的定义行事，任何体系均无力确保不会出现欺诈消费者、破坏环境及压榨剥削工人等情况，他们在现实世界中也绝无立足之地。

同理，包括朝鲜在内的所有社会主义国家也都存在私营企业，因此，在某种程度上它们也符合资本主义国家的概念。为什么所有国家都会存在某种类型的私营企业呢？如果政府持有并掌控着所有的生产活动，那么就必须对每个人有何需求、如何生产所需的产品及每个个体对生产有何贡献等诸多问题了如指掌。此外，在一个所有人的需求都能得到满足的体系中，无论这个体系中的个人是否有所贡献，毫不夸张地说，要激励每个人都能为实现各取所需的目标而各尽其能是极其困难的。在这种体系中，因政府的管控水平以及让每个人都依照政府的需求行事而产生的伦理和协调问题简直复杂得难以想象。这种体系与既无政府干预又无集体行动的体系一样行不通。

因此，在当今的现实世界中，我们所执行的是一种混合体系。一方面，绝大多数国家的企业很少由政府所有和控制；另一方面，国家的法律体系和政府制定的诸多规则、限制及激励措施会极大地影响企业所生产的产品与生产方式。

同样，政府并不会告知个人应在经济体系中发挥什么作用，毕竟大多数人的选择有限。教育质量及高等教育费用的巨大差异无疑会限制许多人的选择，而且也会给经济机会带来严重的不良影响，我们将在后续章节中进一步论述。此外，各地方政府对职业资质的要求也不尽相同，如花艺师、室内设计师、棺材销售员及理发店中的洗发工，同样也会被限制个人选择（而且通常这些职业资质似乎更侧重于保护竞争激烈的行业中的从业人员，而不是在保护公众）。再加上雇主的偏见、重新择业的困难及雇主数量的下降，我们似乎还远远没有达到每个人都可以真正自由选择自己在经济中的角色的理想状态。

实际上，如今这种混合经济体系在美国等大部分国家中都切实存在，因此，"资本主义"一词通常会被用来指代这种混合经济体系，本书中亦是如此。有些经济决策由政府统一制定，有些决策则由个人掌控，而大多决策都是政府和个人协商的结果。"社会主义"通常是指一种监管和集体控制较多的体系，"保守主义"一般是指监管和集体管制较少的体系。

我们可以就这一哲学话题继续展开论述，也可以进一步深入了解"资本主义""社会主义""保守主义""自由主义""共产主义""马克思主义"，以及其他各种"主义"等术语的含义，但我们并不会继续探讨这方面的内容。其中的每一个术语都包含诸多的假设、联想及先入为主的观点，实际上，如果过于关注这些术语反而会一叶障目，阻碍我们实现目标，阻碍我们了解真实世界的运作方式、具体存在什么问题及该如何解决这些问题。

人们在对"资本主义"提出意见或心存不满时，我认为这是在评论当下世界上实际存在的经济体系，而不是仅存在于理论层面的某种体系。因此，要想解答人们对经济体系提出的任何疑问，首要的就是平衡政府的集体管控和个人掌控之间的天平。这种平衡应以产生最佳效果为宗旨，而并非以适应某种特定的意识形态框架为目的。

人们历经数百年的反复尝试和错误才造就了当今的混合经济体系。然而，最近有越来越多的人对这种体系的未来深感忧虑。中产阶级不断被挤压，经济增速日趋放缓，富人阶层却越来越富有。我们并未朝着最佳的发展方向前进，但在评估前进的方向正确与否之前，我们需要清楚自己来自何方。

经济增长与工业革命

持有限制政府参与企业活动观点的人认为，企业自然会力求生产出人们最想要的产品。为什么呢？因为这会让该企业的产品供不应求，从而获得最大的利益。这也正是现代经济学开创者之一亚当·斯密（Adam Smith）的观点，他曾在1776年写道："肉贩、酿酒商或面包商不可能出于善意供给我们晚餐，他们这样做只是为了自身的利益而已。"亚当·斯密认为，赚取利益的动机会产生一只能左右各个行业的"看不见的手"，它比任何政府官员都能更高效、更熟练地指导企业提供服务、生产市场亟须的商品。

18世纪末的英国，由于蒸汽动力及其他能够实现机械化的发明创造大量涌现，工厂生产取代了效率低下的手工制造，加速了这一进程的发展。这场工业革命改变了大多数商品的生产方式。许多人拥有自主创办企业的自由，使这些发明创造得以广泛传播。任何无法迅速利用这些先进手段的行业对其他行业而言，都代表着巨大的商机。企业家可以通过创立新型、高效的企业驱逐那些仍然坚守老旧生产方式的竞争对手，这一进程通常被称为"创造性破坏"（creative destruction），即高效生产淘汰低效生产。

亚当·斯密就曾列举了一个经典的案例来说明这种从个体手工生产到如今被称为"工厂流水线生产"的转变过程。该案例中，他描述了一位工人在一天之内制作出一根大头针的艰难过程，但在工厂里，大头针的生产被分成若干道不同的工序，10位工人一天就可以生产出4.8万根大头针。虽然我无法确定案例中的这些数据准确与否，但可以肯定的是，亚当·斯密认为劳动分工、专业化及大规模生产可以大幅提升产量。

在工业革命之前，绝大多数人都极其贫穷，这一点在对工业化的叙述中常被忽略。尤其是在几百年以前，大部分人几乎都没什么财产，经常忍饥挨饿，健康状况较差，而且寿命也很短，这样的情况几乎贯穿了整个人类历史。这正是因为在工业革命之前生产方式鲜有改进。例如，仔细观察古罗马时期、中世纪欧洲及工业革命之前的文艺复兴时期的制鞋过程，你就会发现鞋子的生产方式并没有太大的变化。几乎贯穿整个人类历史长河，制鞋匠和其他各类工人一样，一直都在使用同样的工具，以同样的方式和材料从事生产。由于单个制鞋匠或单个工人的生产能力几乎没有发生任何变化，因此如果有人想要拥有更多产品，那么就得减少其他人拥有的数量。经济学本质上其实就是一种零和博弈。

工业革命颠覆了这一切。工业革命开创了生产效率不断提升的先河，而且使工业化经济体能够以此前无法想象的速度生产商品。然而，早期工厂的环境极其恶劣，很可能是那些从未受到惩戒或奴役的人所能忍受的最糟糕的环境。超长的工作时间，肮脏不堪且无法保证安全的工作环境，工资也很低，这一切对如今的美国和其他先进国家的工人而言简直不可思议，更无法忍受。早期工厂的工作或许可以给工人们带来相对较高的收入和较好的粮食保障，但往往都需要以忍受恶劣的环境和缩短自身寿命为代价。

19世纪中叶，工业革命正在如火如荼地进行着，卡尔·马克思深感绝望，并抨击工业化对社会环境的破坏。他预测工厂主（"资本家"）强加给工人的苦难终将招致"无产阶级革命"，而且政府将会接管所有企业。但是，这种政府接管一切企业的情况似乎到目前仍未出现。这是为什么呢？

随着单个工人产量的飙升，越来越多的商品涌入市场，导致商品价格下跌。亚当·斯密列举的大头针跌价情况就很好地佐证了上述论点。当工业化时代制造大头针的工人要用一整天的时间才能生产一根大头针时，大头针极其稀缺，因此价格高昂。但当10位工人在工厂一天就能生产4.8万根大头针时，大头针的供应数量巨大，因此单个大头针的价格只能一降再降才会有人购买。这种价格下跌与玉米在丰收年份的跌价情况完全不同。此时，生产大头针及其他各类商品的成本下跌属于永久性下跌,这些商品在工业革命之前的高昂价格已然成为历史。

倘若工厂主想要欺诈消费者,收取接近前工业化时代的高价,这类工厂的客户就会转向另一家极具进取心的新工厂。资本主义就是要确保商品生产者能与消费者分享工厂生产所节约的大量成本,即便生产者不愿这么做,也会有新出现的竞争对手取而代之。

更低的价格和更高的产量意味着普通百姓能够购买更多的商品,享受更高质量的生活。达拉斯联邦储备银行(Federal Reserve Bank of Dallas)通过计算美国工人购买各种基本商品平均所需的工作时长,作为衡量富裕人口数量的主要指标。自1919年(当时美国正处在工业化进程中)到1997年,每个工人所需的有偿劳动时间"成本"(按分钟计算)下降,生产2升牛奶的时间成本从39分钟下跌至7分钟,生产0.5千克绞碎的牛肉的时间成本从30分钟降至6分钟,而生产10余种主食样品的时间成本则从9.5小时下跌至1.6小时。[1]

更高的生产率(即每个工人的产出量更多)不仅可以让每个人都能获得更多商品,而且获得的产品种类也会越来越丰富。技术进步带来了更多的新产品,也带动了新行业的爆发式发展,从通信到汽车再到电器,其中许多都是工业革命之前无法想象的产品。同样,其中一些在工业革命中诞生的产品又会进一步提升生产率。

资本主义在迫使商品价格下跌的同时,也会逐步推动工人的工资上涨。如果企业主试图在经济增长时仍然只支付给工人较低的工资,工人就会另谋高就。如果所有企业主沆瀣一气,为赚取昧良心的黑心钱而减少企业用工开支、迟迟不给工人涨工资,市场上就会充斥众多热切的创业者。他们可能会创办一家与之竞争的企业,既可以通过开出更高的工资来吸引工人,也可以赚取丰厚的利润,而不是那种黑心钱。

正是因为工人可以跳槽、在其他企业挣得更高的工资，亨利·福特（Henry Ford）在20世纪初期将其汽车公司员工的薪资提升了一倍。因为他发现公司员工的流失率较高，并且会不断流失大批培训成本极高的员工。许多人误以为福特之所以提高薪资是想让自己的员工有钱购买福特生产的汽车，进而增加自身的利润。这种观点听起来似乎很合理，但只要简单地计算一下就足以证明这种观点大错特错。福特员工用公司给自己涨的工资可以购买各种商品和服务，并非只能购置福特的新车。[2] 此外，即便这些高薪员工用这些钱来购置福特公司的新车，其中也只有一部分钱可以成为福特公司的利润，因为新车价格中包含的很大一部分都是汽车的生产成本。这个故事能说明什么？即便是亨利·福特——有史以来最强大的实业家之一，也会迫于市场压力而提升工人的薪资。

当然，并非在所有情况下都是如此。毫不夸张地说，最明显的案例就是无论在美国内战前还是内战后的诸多情况下，那些被奴役的人都离自由寻求更好的机会相差甚远。到了今天，如上节所述，大多数人都不可能毫无限制地任意选择自己的谋生方式。即便如此，时过境迁，如今早已今非昔比，人们选择个人命运的自主性更强，虽然仍然存在巨大的改善空间，但个人机会早已大幅增加，我们也因此受益于这种改善所带来的经济增长。

如今，普普通通的美国工薪阶层也可以享受种类繁多的优质食物，可以参与各式各样的娱乐活动，能够健康长寿。总的来说，这种生活质量要比工业革命之前最有特权的人所享受的都要好得多。在新泽西州（New Jersey）收费公路停车吃午饭时，我意识到过去几个世纪人们的生活质量发生了天翻地覆的变化。我只花15美元，就可以尽情享用一顿丰盛的自助餐，其中包括各种热食、沙拉、奶酪、水果、蛋糕，以及冰激凌。现代农业、交通运输及制冷技术让这一切变成了现实。即便是工业革命之前最富有的人都无法想象的饕餮盛宴，对当今的大多数人而言早已司空见惯了。

低价商品、高工资及一系列新产品使人们期待自己的生活会比前人的更好。总的来说，的确如此。大多数人无须为下一顿饭而担忧（因为饭菜就在冰箱里），人们开始关注如何提升自己的生活质量、社会环境和工作条件。美国工人的周工作时长从1900年的58.5小时[3]已降低至2020年的34.0小时。[4] 工人开始组建工会，这在提升工资和改善工作环境方面发挥着重大作用。此外，工会还有时间和精力为优化工作年限而向政府施压。禁止雇用童工、规定最低工资及要求安全的工作条件的相关法律也都相继出台。

因此，经济不断增长，进入良性循环，带动了各行各业繁荣发展。社会也负担得起公共教育支出，能够提供良好的卫生条件，开展不计其数的各类公共福利改善项目，如此一来，整个经济体的生产效率就会提高。人们也可以把一部分收入储存起来，将其用于未来的投资兴业、企业创新及子女接受更高层次的教育等方面。随着生产率的提高及投资的不断增长，人们不仅改善了自身的生活，同时也会造福整个社会。

人们在谈到农业革命（农业革命将美国从小农场主主导的国家转变成一个只有不到2%的工人在农场劳作的国家[5]）和技术革命（技术革命几乎要将先进技术融入一切事物之中）时，似乎总会认为它们是完全独立的，而且对工业革命避而不谈。农业革命和技术革命不可能独立存在。这些变革的重心也许会从商品生产转向食物、信息及服务，但仍然只是对大幅提高产量这一工业化过程再思考的延续，而这一进程自200多年前就已经开始了。

我们是否有一天会达到经济产出增长的极限仍然无法确定；可以确定的是，自工业革命开始以来，经济在不断增长。那么增长了多少呢？在过去的70年间，美国商品、服务（即产品）的人均总产出①每年大约增长2%。[6] 虽然2%看起来好像并不多，却意味着每隔35年美国普通百姓所享有的产

---

① 人均总产出即国内生产总值，将在第4章中详细论述。

品就会翻一倍。这种产品的增长方式及其中大部分的增长方式都能广泛传播，也许会让卡尔·马克思及他的同时代的人大吃一惊，也可能会使他们改变政府将会全盘接管经济和企业这一风靡一时的预言。

即便如此，最近的一项盖洛普民意调查（Gallup poll）发现，美国支持资本主义的人数一直在持续下降。[7] 2018年，仅有56%的美国人支持资本主义。在18~29岁的人群中，对资本主义的支持率下跌至45%。2020年的一项大型民意调查发现，大多数受访者认为，当前存在的资本主义体系对世界而言弊大于利。[8] 其他的民意调查结果与此类似。矛盾的是，在美国数十年显著的经济增长以及苏联和东欧更加中央集权的计划经济体分崩离析之后，人们反而对资本主义的失望与日俱增，那么，是什么造成了这种转变？下一章将会尝试回答这一问题。

第 2 章　不断变化的经济：人们对美国经济体系失去信心的原因

贫富差异大乃共和政体最致命的宿疾。

——普鲁塔克（Plutarch），古希腊哲学家

资本主义如何变化

无论经济体系有多优秀，总会有缺点，也总有令人失望之处和值得改进的空间。没有哪本书能涵盖其中的所有问题。本书的目的正是发现导致人们对美国现有的经济体系失去信心的重要原因，并探讨其是否合理。

经济学研究商品和服务的生产与分配。因此，每一种经济体系都要解决以下问题：(1) 如何生产产品；(2) 生产什么产品；(3) 如何分配产品。美国的经济体系正是在解决这 3 个问题时出现了问题。

如何生产产品

各个国家都会就如何生产产品制定相应的规则，比如生产过程中对工人的保护，限制对环境的破坏，以及防止消费者受骗或受伤等。此外，通常也会制定鼓励生产某些产品的相应规则，例如对农产品的价格保障，对太阳能产品的补贴，以及不鼓励或禁止生产某些产品的规则，如征收碳排放税或禁止生产大多数阿片类药物等。

如果将经济比作高速公路，那么对生产的监管就显得很有必要。制定一些简单的规则，才能够使汽车通畅、高效地往返于两地之间。想象一下，倘若你行驶在一条不受监管的高速公路上，左边的车是一位醉酒的司机在驾驶，右边的车是一位只有 10 岁的司机在驾驶。再设想一下，你周围有一半的车正和你相向而行。这种情况是否听起来就像一场噩梦？没有规则，高速公路则无法运转。同理，如果消费者不知道自己所购买的商品是否会对个人身体造成伤害、是否会对环境有害，或者使用价值是否能达到预期，经济同样也无法运转。

我们对产品制造制定的规则是太过宽松还是太过严苛了呢？人们对此的看法并不一致，许多人认为相关政策太过宽松，也有很多人认为太过严苛。只有通过政治进程才能回答这个问题。

显而易见，这里有一个问题，即美国的政治进程是否能充分代表大多数美国人的意愿？答案是：货币在美国的政治体系中影响力巨大，而从目前的趋势来看，这种影响力还在逐步扩大。正如下文第 8 章所述，美国最高法院（U.S. Supreme Court）去除了资金从企业流向政治家的限制，从而纵容了游说行为。结果，汽车制造商降低了燃油效率标准，营利性大学获得了更多的政府援助，农民得到了更多的补贴，所有美国企业都享受到了大规模的税收减免优惠。

美国是否应寄希望于企业不再提倡制定有利于自己的规则呢？显然不可能，因为没有迹象（也从来没有过任何迹象）表明会出现这种情况。实际上，许多企业高管认为自己所提倡的规则并非出于私利，而是为了更多人的利益（如建立生产效率更高的经济体系），因而他们会更加积极主动地推进规则的确立。

这些高管往往能直接与政府监管机构接触，而正是这些监管机构的监管人员才有权决定出台哪些政策、执行什么程序、如何执行及是否会执行。

企业高管不仅会经常同这些监管人员见面，而且还会与他们一起吃饭、打高尔夫球、享受其他娱乐活动等，开展这些活动的经费也是一笔巨额开销。而另一方面，公众的意见的表达方式通常仅限于评论、投诉及写信，而且也只能抵达最底层的监管机构。

我曾在一家受到严格监管的大型公司担任总法律顾问，我以个人的亲身经历现身说法。许多监管人员会认同经常与自己交流的公司高管的观点。监管人员会将这些高管（以及他们所支持的政治家）看作自己的客户而非普通民众，而监管人员同普通民众（即支付这些监管人员工资的纳税人）相互接触的质量和次数与此相比都相差甚远。这种监管者同被监管者之间的暧昧关系，很有可能导致监管人员从政府的监管机构离职后，立即获得报酬更加丰厚的企业新职位的情况，正因为此，监管人员反而更乐于为企业的利益着想。也许这些监管人员今天才制定出有利于某家企业的政策，明天可能就会去为那家企业效力。这类普遍现象就是"管制俘获"（regulatory capture），即监管者同被监管者沆瀣一气，完全不顾纳税人的利益。

如果真想建立能够推动企业对我们所关切产品的生产方式进行更多回应的监管体系，就必须要为争取自己的利益而付出行动，而非寄希望于特殊利益群体在某一天会替我们有所作为。我们要支持那些能为企业制定明确目标的政治家，比如减少生产各环节对环境的影响，将工人最低收入标准提高到可保障其正常生活开支的水平，或者在与客户交易时坚持执行更高的标准。

问题并不在于资本主义本身。任何体系中，如果人们不能或者不主动就企业的运作方式及工人待遇等方面提出自己的诉求，企业损人利己的行为始终都会存在。市场经济更自由的国家（也就是那些政府对企业管控较少的国家，比如美国）往往比政府管控较多的国家更具备保护消费者和工人免受伤害的能力。这可能是因为在政府对经济、市场、新闻和大多数其他事项管控较多的国家，人们不太能够表达自己的诉求。经济体系中，人们如何更有效地表达自己的诉求进而影响企业的行为将在第8章中详细论述。

生产什么产品

也许会有人认为，在当今的经济体系中进行的许多商品交易都是铺张浪费且毫无意义的。但是，其中的任何一件商品、任何一种服务的交易都是出于自愿。众所周知，每一件商品都有价值，而且至少与商品的价格等值。如果没有价值，根本就不会有人购买。

例如，有些人（不包括我本人）愿意花50万美元去买一辆劳斯莱斯幻影轿车。为什么？这些人会因拥有这样一辆车而获得满足感（而且，这些人很可能是通过察觉到他人对自己拥有这辆车的反应所获得的满足感），认为物有所值。这难道有什么错吗？

一方面，由于我们生活在一个重视（或者说所谓的重视）个人自由、个性化表达及自由选择的社会，只要不伤害到他人，我们是否有理由反对他人以这种"品味"购买汽车？即便允许这种反对他人购买物品的行为存在，那么购买劳斯莱斯幻影的人也可能会反对我买丰田卡罗拉轿车（或者，也会反对我购买共享单车的会员资格）。

另一方面，由于生产的产品就是人们购买的商品，巨大的收入差距意味着有些人随时可以满足自己心血来潮的愿望，而另一些人甚至无法保障自己的基本生活需求。这只是日益扩大的收入差距造成的问题之一，也是接下来几节内容的主题，更是本书反复强调的主旨内容的一部分。

如何分配产品

现如今，几乎在所有的经济体系中，个人分配的多寡都取决于个人自身或其配偶、父母及其他慷慨之人所赚取的或已赚到财富的多少。许多人认为，个人收入的多少取决于自身的努力和能力。越努力、越聪明的人越有可能赚到更多钱。

除了努力工作和聪明才智之外，例如把握时机的能力、出生在一个正常的家庭、居住在配备优质学校的理想社区，这些因素对收入的影响程度要比大多数人所认为的大得多。然而，大多数人之所以能接受收入不平等，并不是因为这种现象在道德或客观层面合情合理，而只是因为收入不平等会刺激人们提高生产效率。这种观点认为，如果人人收入均等（抑或彼此收入非常接近），人们就会失去外出工作的动力，即便强迫他们必须工作，这些人一旦完成任务也会立刻变得只出工不出力。人人收入均等时，大家都会变得同样贫穷，因为生产的产品会变得有限。

如果勤劳能使人获得更高的收入，人们就会因此而更加努力地工作，生产效率也会随即提高，从而带来更多的产出。工业革命及因工业化而大幅提高的产量和平均生活水平，常被视为经济激励机制发挥作用的有力证明。但最近，这种观点似乎越来越站不住脚了。这是为什么？原来，随着收入差距的日益扩大，当差异到达某个临界点后就会出现和现在一样的情况，经济产出开始缩减而非增加。为什么会出现这种情况呢？

不同人的收入越趋于平等，消费模式就会变得越规律、越稳定。如果有1000个家庭，每个家庭的年均收入为6万美元，那么这些家庭很可能会支出所有的收入（而不会把大部分收入存起来），而且他们的消费方式很可能也会极其相似。他们会以大致相同的方式将收入分配在衣食住行、公共服务及其他生活开支等方面。由于这些家庭共计支出了将近6000万美元的收入，因此就会产生6000万美元的商品和服务，同时为许多人创造了就业机会和工作岗位。此外，这种有些相似且可预测的消费习惯使人能够更轻松、有效地规划生产。

与之相反，如果这6000万美元的收入在1000个家庭中分配得极不均衡，总支出就会下降，而且实际支出的金额也会变得极不稳定。为什么？高收入人群的支出占其收入的比例要比低收入人群小（也就是说，高收入人群能存储更多的钱）。因此，更少的收入盈余会以支出的方式再次投入市场，因此产出也会相应降低，为他人创造的就业岗位和就业机会也会减少。

此外，高收入群体的消费方式更难以捉摸。如果某个家庭的收入是另一家庭的 50 倍，这个收入高的家庭在日常用品、汽车及理发方面的消费并不会比另一家庭高出 50 倍。谁也说不准这个家庭会用这部分高出的收入做什么。可能会每 10 年购买一辆游艇，或者用于支付各式各样的整容手术所需的费用，或者豪掷 300 万美金举办生日派对 [据说，说唱歌手"吹牛老爹"科姆斯（P. Diddy Combs）就曾举办过如此奢华的生日派对]，抑或从某位艺术家 [如毕普（Beeple）] 手中购买一件售价高达 6900 万美元的数字作品，而同期大多数艺术家还在为了有一个容身之处而努力。

通常情况下，有机会比邻居赚得更多（甚至比你所有的邻居加起来还要多）会激励人们更加努力工作，提高生产效率。但有时候，这种激励会逐渐消失。如果马克·扎克伯格（Mark Zuckerberg）、比尔·盖茨（Bill Gates）或杰夫·贝佐斯（Jeff Bezos）上缴的税费很高，甚至非常高，他们会不会因脸书（Facebook）、微软（Microsoft）及亚马逊（Amazon）等公司而烦恼？可能不会。我怀疑他们只会专注于自己的事业，并不会在意要上缴多少税费。即便这三个人起初都因为害怕上缴的税费占利润的比例过高而不去成立这些公司，难道就没有其他能力出众的人会成立类似的社交媒体公司、成为一名软件供应商或建立一个在线零售平台吗？显然，社会上并不缺少这样的人才。

收入严重不均会缩小每个人的经济规模（即商品和服务的总量）。在这种经济体系中，即便是"赢家"，也不可能随心所欲地获得盈利，即便他们自己的经济规模越做越大，整体的经济规模也并没有增大。而对其他人来说，情况则更糟糕。虽然许多人的经济状况也还不错（按以往的标准来说的确如此），但他们通过与周围的人比较后就会主观地判断出自己的处境。因此，巨大的收入差距可能会点燃怨恨的火苗，既会让人们认为经济体系不公，又会削弱人们对该体系的信心。

毋庸置疑，一个人的经济状况越来越多地取决于他的家庭出身而非所从事的工作。在美国，一个人大约60%的财富是通过继承获得的，这意味着美国的大部分财富及随之而来的诸多优势，都归属于那些什么都不用做就可以获得这些财富的人。[1]此外，布鲁金斯学会（Brookings Institution）发现，如果按照收入水平把所有的家庭划分为5组，父母属于最低收入组的孩子仍会留在最低收入组的概率是升迁至最高收入组的11倍（43%比4%）。另一方面，父母属于最高收入组的孩子成为高收入组成员的概率是降至低收入组的5倍（40%比8%）。[2]除非出生在富裕家庭的孩子个个都天资聪慧、勤勉上进，否则这就是美国并没有为所有孩子提供平等发展机会的有力证据。

此外，孩子原生家庭的族裔也可能导致其遭受严重的不平等待遇。19世纪60年代已经根除了奴隶制度，20世纪60年代废除了种族隔离制度，但时至今日，这些制度的影响犹在。偏见并不会因为法律制度的改变而销声匿迹，歧视也并不会因为出台了相应的法律而显著减少，毕竟找到违反这些相应法律的证据是件极其困难的事。此外，也许偏见的影响微乎其微，但是由于这种行为既难以识别又不易根除，因此受害人群会不断被边缘化。

几代人的不平等所遗留下来的问题直到今天仍然非常明显。种族隔阂依然极为普遍，不同种族在寿命、收入等方面依然差别巨大。虽然过去的几十年间在促进种族平等方面的进步明显，但一项统计数据表明前路依旧漫长：2019年，黑人家庭的净财富中位数为24 100美元，而白人家庭的净财富中位数为188 200美元。[3]

终止法律歧视和颁布民权法同样艰难，而要真正实现这些法律所展现的理想情境则更加困难。对教育和低收入群体的投资是这一过程的重要组成部分，而更难的是让美国人在此过程中意识到，促进公平和减少不平等会增强人们对经济体系的信心，会使更多的人提高生产效率，还可以扩大经济规模，从而使每个人都能受益。

我们并非命运与共这种观点不断滋长，社会正在割裂，对国家稳定和民众福祉的威胁与日俱增。资源大都集中在金字塔顶端的富人阶层，这足以让他们将自己置身于富庶的世外桃源之中，享受着各种私人专属服务，使情况日益恶化。他们掌控的资源越多，就会对政治体系产生越大的影响，让那些站在金字塔顶端的富人变得更加富有，本已恶劣的情况就会变得更糟。

我想本书的读者已经意识到，自新冠疫情暴发以来，美国本就日益扩大的经济鸿沟正在加速扩大。大量统计数据表明，财富占比前1%的人群收入飙升，首席执行官的薪资高出普通员工工资的倍数创历史新高，而普通工人的收入只勉强与生活成本持平。虽然这些趋势显而易见，但其背后的原因却值得深究。因此，其中的原因正是我们接下来需要探讨的内容。

为什么美国的经济体系会加剧不平等

赢家通吃的经济

反观百余年以前，以歌手和音乐人的收入为例。彼时，唱片、录音带、光盘、iTunes 和 YouTube 都不存在。相反，人们要到剧院或音乐厅的现场才能听到音乐。想听音乐，除此之外别无他法。因此，每个城市都有许多人可以靠成为一名歌手或音乐人来讨生活，毕竟同一个音乐人不可能同时在多个地方演出。这些表演者中总有些人技高一筹，因此也就能过着更加优渥的生活。此外，还有许多人也会因此而谋得一份差事，例如舞台工作人员、引座员、售票员等，他们可以因此自食其力，甚至靠这份工作的收入养活整个家庭。

这之后又如何呢？演出市场极度萎缩，与演出相关的就业岗位也不断缩减。屈指可数的几位明星主宰了整个国际音乐市场。与此同时，音乐厅已不复存在，因此为当地创造的就业机会也随之消失。多年来，人们在娱乐活动上的开销并未减少，只是这些花销不断流向少数明星。

家具行业与此如出一辙。人们参观任何一家藏有早期美式家具的博物馆，都能看到大多数主要城市生产的家具。这是因为当时大部分的家具都是在当地生产。现在消费者家中的家具有多少是本地生产的呢？很可能没有；即便有，本地生产的家具费用应该也不会太高。因为少数几家家具制造巨头主宰了整个行业，它们深谙消费者的品味，生产、经销效率很高，如宜家家居（IKEA）。本地的家具制造商基本上已经不复存在了，现在家具行业的利润都被少数大型家具生产商收入囊中。

上述案例有着共同的模式。没错，资本主义总会让最受欢迎的生产者受益。最受欢迎的表演者获得最高的收入，质量最好的家具卖得的价格最高。资本主义的确会激励每一位生产者主动生产消费者需要的产品和服务。

但是，自从有了足够的空间容纳众多表演者、许多家具制造商及许许多多其他生产者后，情况就发生了变化，收入开始越来越集中于数量日益减少的超级生产者手中，这种现象被称为"赢家通吃"的经济，理应如此。侵蚀本地表演者和家具制造商市场的趋势正在加速，各个领域的机会越来越少。目前最明显的两个案例就是亚马逊对整个零售业构成的威胁，以及谷歌公司（Google）对整个信息产业构成的威胁。那么，为什么会出现这种情况呢？

原因就是技术革命的出现（如前所述，它是工业革命的延续）。录音技术让少数优秀演艺人员的表演不再局限于在某个特定的地点进行表演，而是可以遍布全球。更厉害的是，一份录音文件可以被播放无数次。技术（尤其是互联网技术）使零售商可以把商品卖到任何地方，无须赶到陌生的城市（国家）协商销售场所、雇用当地雇员，通过昂贵的长途电话监管业务，也不用了解当地的规章制度。从本质上讲，现代技术就算没有完全消除成本，也极大降低了大规模开展业务的成本。这就为实力最雄厚的供应商带来了巨大的成本优势（商业人士将其称为"规模经济"），进而一家独大。

在先进技术出现之前，大范围拓展业务总是困难重重，成本高昂。对演艺人员及许多其他服务供应商而言，这更是无稽之谈。如今，情况早已不再如此。现在，许多行业中的少数大型的、能力出众的供应商都可以利用技术及免费的互联网平台实施垄断，拓展业务。从本质上讲，经济行业中总会出现比他人获利更多的赢家，而如今出现的则是"一切通吃"的赢家。

这种现象也会影响到所有工人。如果人们可以在各种各样的工作场所工作，也可以选择自主创业，人们在工资及其他就业条件方面讨价还价的能力就更强，也更倾向于同质化。如果少数几家规模庞大的组织机构垄断了某个经济领域，这些机构可以轻而易举地击垮与其竞争的初创企业，工人能产生的影响也就更小。新冠疫情期间，工作方式由线下转为线上，工人能产生的影响就更小，因为许多就业岗位的招聘范围从原本只局限在当地，扩展至可以使用高速互联网的任何地方。[4]

更糟糕的是，维系这些庞大企业运转的管理人员已经充分意识到自己掌管着工人和监管体系的生杀大权。沃尔玛（Walmart）和亚马逊对市场的支配力并非一日之功，他们都能成功阻止工人联合起来也并非巧合。经过长期不懈努力，他们才从利害关系极其复杂的环境中脱颖而出。这些企业高管的报酬、声望如何，以及是否被长期聘用，都取决于企业是否能持续获取尽可能高的利润。在个人利益与企业盈亏的博弈中，以及与同他们可能素不相识、未曾谋面、身处各地的众多员工的竞争中，企业的盈亏显然是最受青睐的衡量标准。

自动化及人工智能

对我们这些在经济领域并不成功的人（甚至是祖辈、父辈也都未能有所成就的人）而言，自动化和人工智能方面的进步对我们的经济福利造成的威胁会越来越大。如果按这一趋势继续发展下去，更多的工作岗位被自动化和人工智能所取代，将会发生什么？这些被取代的工人该如何养活自己？谁会为阻止经济的不断萎缩买单？

权威人士就"未来的就业岗位"这一热门话题展开讨论，许多工人也很担心自己的工作可能会成为下一个被淘汰的对象。据哈佛大学（Harvard）劳动经济学家劳伦斯·卡茨（Lawrence Katz）预测，约有500万美国人（几乎占整个国家劳动力的3%）以驾驶出租车、公共汽车、货车和网约车为生，这些人的工作都会受到自动驾驶技术的威胁。同样，尽管美国的制造业产出在2021年[5]创下历史新高（是的，你没看错），但由于自动化技术的进步，制造业的工作岗位数量却不断减少。

这是值得忧虑的事吗？我们可以换个方式来思考上述问题。假如工人每周工作40小时能获得1500美元的报酬，而现在自动化和人工智能技术可以将每周的工作时长缩短至30小时，明显提高了生产效率，也就是说实际收入增至1800美元。如果用这种解释（也可以拒绝接受）来回答上文提出的问题，大家还会担心吗？显然不会。这就是自动化和人工智能技术为全社会提供的精准选择。自动化和人工智能技术具备大幅提升经济效率的潜力，增加国家整体的产出总量，同时减少整个国家所需的工作量。

投入更少但产出更多的确很好。如果这两方面发生在同一个人身上，无疑是件好事，因为这个人可以双向获益——既能生产更多产品，又能减少工作时长。但把这种情况置于整个社会层面之中，就会出现一些问题，例如：谁该获得这些额外的产出？谁的工作量又应该减少？获得额外产出的人并非那些可能被裁或者被取代的人。

因此，自动化和人工智能技术强化了"赢家通吃"的趋势。能够在全球市场上利用（或创造）自动化及人工智能技术的人会获利丰厚。与此同时，工作岗位数量减少，以及随之而来的所有人的收入降低和讨价还价能力减弱，都是加剧收入不均、引起劳动者不满、削弱人们对经济体系的信心的原因。

然而，日益加剧的不平等并非不可避免。其他许多发达国家，尤其是斯堪的纳维亚和东欧的几个国家，已经设法避免了本国出现美国所经历的迅速恶化的不平等现象。[6] 这些国家的经济体系与美国相似，因此，"资本主义"不应受到指责。实际上，没有证据表明美国采用的这种在过去几个世纪中让许多人走向繁荣富强的经济体系存在本质缺陷，或者另一种经济体系会更好。但是许多证据都表明，美国自身对这种经济体系疏于监管，没能确保持续不断为所有人创造机会。

切记，经济就好比高速公路：需要制定合适的规则才能正常运转。如果我们袖手旁观，对出现的问题视而不见，让那些问题像高速公路上狂飙的汽车一样呼啸而过，越开越快，那么早晚会发生交通事故。但是在厘清如何才能齐心协力扭转这种令人不安的趋势、让经济重回正轨之前，我们需要先深入探讨经济的运行方式，因为想修复某个体系，要先对其了如指掌。我们将在下一章探讨经济体系中最基础的部分——货币。

第3章 货币：黄金、美元及加密货币

> 金钱乃万恶之源。
>
> ——钦定版《圣经》

> 缺钱少财是所有罪恶的根源。
>
> ——马克·吐温（Mark Twain）

什么是货币

货币很可能是人类历史上最重要的发明。如果没有货币，几乎所有位居其次的发明创造都不会存在。

在石器和兽皮是仅有的商品的时代，人们只需相互交换便可达成交易，即"以物易物"。但对那些需要实验室、显微镜、电力、化学品、注射器等来研发第一种抗生素的科学家而言，以物易物的方式就行不通了。倘若他们也以物易物，就必须要厘清能用什么来同成千上万的供货商交换以得到研究所需的材料、商品和服务。用什么换取电力公司的照明用电？用什么换取制造商生产的各种必要的设备？用什么跟玻璃公司换取需要的器材？用什么跟刚刚迎接新生命到来的实验助手换取她在实验室长时间工作？

在这种情况下，如果仍然使用以物易物的交易方法，那么超市、我的房东、有线电视公司等是否会愿意让我以本书来交换他们给我提供的商品和服务呢？货币就是解答不计其数此类问题的答案，而且货币可以让研发抗生素、撰写书籍等所有其他人认为理所应当可以进行以物易物的商品和服务变成现实。

显然，货币对我们本身及生活中的选择影响巨大。在论述货币对人们的影响之前，我们需要先了解货币究竟是什么。虽然我们很容易描述清楚什么是货币，例如钱包里的绿色纸币，但是定义货币却要困难得多，这时就需要经济学家向我们伸出援手了。经济学家将"货币"定义为"可广泛用于获得各种商品和服务的任何物品"，或将其称为"交换媒介"。能够用来在当地商店购买一份三明治、在网上购买一件衬衫、在城市街道上搭乘出租车、购买演出门票抑或购入市场上在售房产等任何物品或服务，按照定义都可以称为"货币"。但为方便人们日常使用，货币还需要满足另外两个条件：必须是一种相对稳定的价值储存手段，随着时间的推移仍然能基本保持其价值，例如水果会腐烂，因此水果无法作为货币；同时，必须易于计数，例如氦气完全不符合这一条件。

通常，任何满足这三个条件（即可作交换媒介、价值存储手段及易于计数）的物品，都可以被视作货币。纵观历史，贵金属就曾充当过货币的角色（下一节中会详细论述）。在某些战俘营中，香烟也可以被当作货币使用。食盐的价值曾一度比现在高得多，也可以当作货币使用。其实，拉丁语"salarium"就是以食盐作为军饷的意思，也是"工资"（salary）一词的词源。

但是，现代经济学对符合这三种条件的货币规定了统一的标准。具体地说，货币就是流通中的纸币[美国联邦储备系统（通常简称为"美联储"）发行的绿色"纸币"]及银行支票账户中的余额（可以通过支票、借记卡和手机应用程序使用），①这两者都可以立即用来购买任何在售商品。没有多少事物能和它们一样让人们普遍接受，因此也就没有几个可以被普遍视为"货币"的物品了。如果不相信，可以用黄金、证券、比特币或任何不是"货币"的物品到本地的线下商店或网上的购物平台试试能买到什么。

你也许会问："那信用卡呢？"信用卡可以购买很多东西，但信用卡并不能被当作一种货币，因为它只是可以让你在购买时延时支付而已(因此，才会有"信用"这一术语)，也就是说先获得商品后付款，而且很可能是用个人支票账户中的"货币"支付。

也许我们会惊奇地发现，非流通中的纸币，即存放在银行金库里或正在印刷中的纸币，也不是货币。只有那些人们手中真正可以用于支付的纸币才是货币，例如，消费者、企业家、政府官员或者从银行偷出纸币并设法逃脱的小偷等人手中的纸币才是货币。因此，即便银行金库中存放的纸币和货币并无二致，但是如果没人将其用于消费，它也就不是货币。（但是这部分纸币也会在经济中发挥作用，在第11章介绍美国联邦储备系统及银行时会详细论述。）

银行金库中的纸币不能算作货币还有另一原因。如果有人把20美元钞票存入自己的支票账户，他的账户上就会有一笔金额完全相同的存款。如果同时计算银行金库里的20美元纸币（不可用于消费）和支票账户余额增加的20美元（肯定可以用于消费），就会夸大经济中现有货币量。这其实只是将一种形式的纸币（纸质货币）交换或转换为另一种形式的纸币

---

① 货币（纸币及支票账户余额）也被称为"狭义货币"（M1）或"货币供给"（理论上讲，还包括旅行支票中的散钱）。还有一种广义货币，如M2，其包含狭义货币M1再加上账户存款。然而，狭义货币M1就是普遍认可的货币，也是金融、商业和经济学界一般情况下所说的"货币"。

（电子货币）而已。

关键问题是这两种形式的纸币（流通中的实体联邦储备券和支票账户中的存款金额）可以相互转换，银行会很乐意你将其中一种形式的货币转换为另一种形式。而且如果银行缺乏足够的纸币，美联储则会很乐意向其运送一些纸币。（如果有机会，你可以去参观美国政府的大型印钞机，它们可以按需印制纸币。）[①]如果有人取出现金或向支票账户存钱，也就出现了两种形式货币之间的转换。人们从自己的账户中取钱或存钱，货币总量并没有发生变化。至少在上述这一过程中并未改变。

最后，我在教授经济学课程时，总会问班上的同学"比尔·盖茨有多少'货币'"这个问题。这个问题的重点并非旨在赞叹他的财富（截至本书撰稿时，比尔·盖茨的财富约为1300亿美元），而是想要强调货币与财富不同。比尔·盖茨的大部分财富都是以公司股票的形式存在（尤其是微软公司的股票），我敢打赌他的财富应该几乎不会以货币形式（纸币和支票账户余额）存在。货币肯定可以算作一种财富，但大多数人（尤其是富人）的财富并非以货币的形式存在，而是以股票、债券及地产等形式存在。

你可能会想："我们已经知道什么是货币了，为什么还要费尽心思精确地界定它呢？"因为分析货币的发行方式、货币由谁发行、谁获得了这些货币及获得的数量，有助于推动经济的发展。货币并不是某种抽象的概念，而会对一切事物都产生直接且重大的影响。从经济不平等到经济周期，再到你我选择的谋生方式，以及我们的生活方式，都会受其影响。了解货币是什么及它的运作方式，对认识经济至关重要。鉴于其重要性，我将在下一节中详述货币数千年来的发展历史，有助于分析当前的经济情况。

[①] 美国的纸币由美国财政部所属雕刻与印刷局（U.S. Treasury Department's Bureau of Engraving and Printing）负责印制，而非美联储。

货币的历史

商品货币——原始货币

本节包含四个部分，第一部分的内容最简单。最早的货币包括金、银、贝壳、盐等几乎所有稀缺且被认为有价值的物品。尤其是贵金属，通常会被作为货币使用，但实际上，其中仍然包含着各种问题。

首先，并没有简单易行的方式能评测贵金属的纯度。金币或银币可能会存在质量低劣的问题。一枚含金量为50%的金币可以被熔化，再铸造成两枚面值相同但含金量各为25%的金币，而且很少有人能辨别出这两种不同含金量的硬币。其次，大量使用金币时需要耗费大量的体力，尤其是在搬运或看管以保证其免遭偷盗的时候（彼时还不能拨打报警电话求救）。而少量使用金币时，可能会需要专业的切割工人介入才能将金属块分割开。最后，一旦有人发现了一种新的贵金属，他很可能会一夜暴富；随着先前的那种"贵"金属变得没那么稀有，其他人之前持有的"贵"金属的价值就会降低。即便这些贵金属及其他稀有物品无法满足货币的三个条件，而且其中两个条件都存在问题（因纯度问题导致难以计数，以及金属的稀有程度会造成价值浮动），数千年来，这些物品也一直被人们作为货币使用，起着交换媒介的作用。但正如前文所述，技术能改变一切。

商品支撑型货币——新型及改良货币

15世纪印刷术的出现使一种新型货币在欧洲被普遍使用，即印制纸币（"纸币"）。这种纸币表面清楚地标明了其具体的价值，而且一般由私人银行家发行，如意大利佛罗伦萨的美第奇银行（Medicis）。这种纸币由存放在纸币发行者金库中的贵金属"支撑"。纸币的发行者声称，他们拥有与其发行的纸币价值相等的黄金、白银。每张纸币都类似于一张收据，收据上的贵金属数量与纸币的面值相等。如果想用纸币兑换回真金白银，这些发行人就会给予纸币持有者等值的实物。但是何必这么做呢？纸币携带方便，价值标注也很清晰，而且还有不同面额可供选择，最重要的是，纸币受到各种商品和服务的卖家大力推崇。

实际上，这种纸币"自说自话"的属性就成了一个问题。发行纸币的私人银行家应该有装满贵金属的金库来支撑这些纸币的流通。但是，如果他们发行了一部分额外的纸币并转借其他人，这些人会向银行家支付借款利息，而这些利息被银行家中饱私囊或者银行家再发行一部分额外的纸币满足自己的其他需求的话，又有谁会知道呢？人们很少会将纸币换回贵金属，只要银行家有足够的黄金、白银来满足少数人想用纸币换回贵金属的需求，就万事大吉了。银行家发行的所有纸币的总"价值"可能会超过他们持有的贵金属的总价值，但没有人会知道。

好吧，银行家们的问题解决了，但其中难免有一些贪得无厌之徒。一旦有人发觉一些银行家可能没有他们的未兑换纸币上所显示的那么多贵金属，想要赎回贵金属的人数就会暴涨，从而出现"银行挤兑"现象。如果银行家们的确发行了过多纸币，而且没有足量的贵金属来满足那些要求兑换纸币的乌合之众，那么银行就会倒闭。只要有一家银行倒闭了，人们就会对其他银行心生疑虑，导致其他银行也会出现铺天盖地赎回贵金属的请求。这种银行挤兑危机经常发生，而且往往以暴力事件为终结，会对整个经济造成重创。这就是政府开始接管货币发行业务的主要原因之一。

这种货币被统称为"商品支撑型货币"，有着数百年的历史，一直到20世纪都很常见。这也是英国的货币被称为"英镑"，以及1964年以前的美元大钞上都会写着"白银券"而非"联邦储备券"的原因。与私人银行家发行这种货币相比，该货币体系在政府的控制下可能会运作得更好，但这种货币仍然存在诸多问题。

一方面，众所周知的"金本位制"（gold standard）用于防止国家在黄金或其他贵金属存量不足的情况下过度发行纸币。其目的就是确保政府不会因过度发行纸币而造成现有纸币贬值。另一方面，金本位制也是经济的桎梏。它会把某个国家的货币价值与一种相对无用但十分稀有的金属联系在一起，而这个国家又不能完全掌控这种金属。一旦战争爆发或出现严重经济衰退，便无法通过印发纸币来解决这些危机。如果在某些偏远的地方又发现了大量黄金，这种金属的价值就会降低，国家的货币也会失去原有的价值，从而使经济面临巨大风险。

以上这些虽然听起来晦涩难懂，但几乎每个孩子都在不经意间通过 L. 弗兰克·鲍姆（L.Frank Baum）的著名寓言故事《绿野仙踪》（*The Wizard of Oz*）了解过金本位制的压迫本质。故事中的那条黄砖路会指引多萝西（Dorothy）和她的朋友们找到解决问题的方法吗？那条路就是金本位制。那就是他们在寻找的奥兹之国（Oz）吗？缩写的"oz"正是黄金的计量单位。多萝西一行人沿着黄砖路，历经千难万险，最终找到的只不过是个无法给予他们任何实际帮助的来自奥马哈（Omaha）的普通老人。倘若不走那条黄砖路，他们都能够轻而易举地实现自己的目标。多萝西一行人的经历，和20世纪中叶世界各国政府吸取到的教训如出一辙。

法定货币——"凭空捏造"的货币

20世纪30年代，经济大萧条和第二次世界大战对人类文明的冲击给各国政府带来了巨大的压力。各国政府都面临着这样一种选择：要么继续坚持金本位制，却没有足够的货币应对种种危机，且冒着崩溃的风险；要么摒弃金本位制，创造他们所需的货币。你肯定猜中了，他们选择了后者。

这意味着什么呢？继英国在1931年、美国在1933年之后（纵观整个货币的历史，这些并非遥不可及的久远年代），众多政府开始废除金本位制①，创造无须任何支撑的货币，仅靠政府颁布法令规定新创造的货币具有价值，这就是所谓的"法定货币"。政府表明他们印制的 20 美元钞票的价值等同于其印制的 1 美元钞票的价值的 20 倍，只是因为他们在一张纸币上印制了"20"的字样，而另一张纸币上则印着"1"，除此以外，这两张钞票再无其他区别。如果并非人人都认可纸币的价值，那么当今纸币的价值并不会高于印制纸币的纸张的价值。这两种价值相差多少呢？政府印制多少就差多少。

印制纸币的工艺极其简单。政府如何才能把货币交至可以用其消费的人手中（也就是说，如何让货币进入"流通"环节），从而把它从一堆印有大量官方文字、受到高度保护的纸张转化为前文中所定义的"货币"？这一过程并不简单。我将在本书第 11 章对美国联邦储备系统及其如何控制流通中的货币量进行详细论述。

与此同时，法定货币还有值得借鉴之处。如果说货币是人类历史上最重要的发明，那么人们对政府凭空创造的货币的普遍认同则是人类历史上最重要的共同点。实际上，这座星球上几乎不存在众口一词的情况，无论是地球的形状、天空的颜色还是对帝国大厦（Empire State Building）位置的描述，都众说纷纭。但是客观地说，钱包里和账户上的法定货币只不过是政府的虚构之物而已。然而，这种货币之所以拥有巨大的价值，是因为人人（即每一个人）都假装它具备价值。如果是纸币，人们则假装其价值完全等同于政府在纸币上印制的数字。显然，法定货币堪称完美，如前所述，以物易物在拥有不计其数的商品和服务项目的经济体系中已毫无作用。这种货币之所以堪称完美还有另外一个原因，即所有人都会接受能让生活变得更加轻松、美好的事物，而法定货币显然属于这类事物。这一可借鉴

---

① 直到 1971 年美国才彻底废除金本位制。

之处值得我们推而广之。

替代货币——未来的货币？

在过去的几年间，美国政府对货币市场的垄断已经逐渐瓦解。某些替代货币是否会通过成为广为接受的交换媒介和稳定的价值储存手段来同美元竞争？当前正在出现一种新型货币吗？

探讨未来的发展趋势之前，我们必须摒弃所有夸张的炒作，专注于准确理解"替代货币"是什么。所有替代货币都具有两个显著特征：这类货币都属于虚拟货币，也就是说替代货币只能以电子形式存在，而不像纸币或金属硬币会以实物形式存在；更重要的是，替代货币均由政府以外的人发行。

首先面临的问题是：谁在发行这些替代货币？大多数情况下都无法判断具体的发行人是谁，因为理论上讲，发行人可以是任何精通技术的人员或愿意花钱购买这种网络服务来帮助他们实现这一目的的人。发行人甚至可以是《纽约时报》（New York Times）的记者，如大卫·西格尔（David Segal），他就创造了自己的加密货币（这种货币可以给他带来新闻红利，而非经济利益）。[1] 大多数替代货币的负责人是谁始终不为人知，即便像截至目前规模最大的替代货币——比特币也概莫能外，它的创始人是谁依旧模糊不清。[2]

尽管如此，像比特币这样的加密货币已经发展为首屈一指的替代货币。加密货币以其采用的复杂加密算法而得名，这些算法可以确保货币的安全，并且难以伪造。截至本书撰稿时，流通中的加密货币总价值从 2009 年的 0 美元猛增至高达 2.22 万亿美元。[3] 惊人的是，加密货币的总价值与美国流通的纸币总价值（约 2.21 万亿美元）相当。[4]

几乎所有对加密货币的论述都会涉及开发加密货币的基础区块链技术、

加密技术、存储加密货币的虚拟"钱包"、记录各行各业每笔交易的电子账单、产生新货币单位的复杂方法（或称之为"挖矿"），以及整个过程所消耗的大量电力。如果本书是技术类图书或者是为想要投资加密货币的人（加密货币比比皆是）而创作的书，上述细节则必不可少。但本书是一本经济学著作，了解那些细节就相当于了解印钞机是如何将油墨印在20美元的钞票上一样。与商业和经济学领域的诸多概念一样，无关紧要的技术细节反而会妨碍人们理解真正想要理解的内容。

那么，就经济学而言，替代货币有什么重要意义呢？大多数替代货币既没有任何支撑，也没有固定价值。这些替代货币和上节中论述的法定货币一样，只不过替代货币并非由官方发行，只是网络空间中的数字而已，那替代货币为什么还会有价值呢？

众所周知，美元之所以有价值是因为人们愿意将其作为交换媒介。美元不但可以用来消费，大多数情况下，人们还必须用美元采购结算及偿还债务，包括缴纳税费，甚至就连在纽约市举办的一场比特币研讨会都需要用美元来支付参会费。

此外，每种替代货币都具备一定的价值，其中的原因和金条、米奇·曼托（Mickey Mantle）棒球卡，或者某一艺术作品经过认证的电子原件（也称为"非同质化代币"或"NFT"）等具备一定的价值一样：供应量有限，所以有人愿意为此买单，仅此而已。

我认为这不难理解，但大多数人都难以战胜自己的直觉，总认为并非这么简单，认为其中肯定存在某些潜在的客观价值。我记得和父亲一道参观洛杉矶的盖蒂博物馆（Getty Museum）时，看到了文森特·梵高（Vincent van Gogh）的画作《鸢尾花》（Irises）。在《鸢尾花》被收藏到盖蒂博物馆的前几年，也就是1987年，这幅画成了有史以来最昂贵的画作，当时一位私人买家以高达5400万美元的价格将其收入囊中。我父亲认为，这幅画画得很糟糕，简直就是一幅"漫画涂鸦"，卖 54 美元都太贵了。

我觉得我可以跟他解释清楚其中的缘由：一项资产之所以具备一定的价值，并不是因为任何客观因素（就如同这幅画的审美质量），而是因为有人愿意购买。因此，我问他："一张价值 20 美元的钞票拥有的审美价值是否是 1 美元钞票的 20 倍？"他想了一会儿，然后回答道："是的，我觉得是。"这笔交易之所以能达成，是因为有很多人迫切想要证明资产价值的确定必定有其依据的客观基础，甚至在这种客观基础完全不存在的情况下依然如此。

还有一个问题："为什么人们愿意斥巨资购买某些替代货币，而对另一些替代货币却一毛不拔（看看那些已经推出却仍然籍籍无名的替代货币，你就会发现实际上大多数替代货币都无人问津）？"这个问题的答案都够写一部市场营销学的著作了，因为大多数此类货币在客观上几乎不存在任何区别。也许一位网红通过售卖自己持有的大量替代货币赚得盆满钵满；也许是人们喜欢因这类替代货币而兴起的各类在线社区；也许是有人喜欢货币上的图案，例如多吉币（Dogecoin）上可爱的日本柴犬图案。2013 年，多吉币因一句玩笑而诞生，其总价值已达 320 亿美元。有些货币蓬勃发展，同时也有数量相当的另一些货币以失败告终，这一事实揭示了本书的核心要义：经济学的目的是了解人类的价值观念和行为，尽管有人认为这些价值观念和行为无法归纳成诸如化学和物理这些自然学科的客观公式。

那么，这些货币会全部崩盘，还是会幸存下来，成为各国政府发行的主要货币的替代品？这显然无从知晓，但我们或许能通过一些事实看出一些端倪。

首先，替代货币的发行人并不像（掌控着美元的）美联储或发行其他国家货币的中央银行那样会受到监管，他们的活动也没有那么透明。可以确定，对美联储的领导人都有相关的法律规定，相比之下，试着分析一下比特币或大多数替代货币的情况,你就会明白我所说的"缺乏透明度"的具体意思。缺乏监管带来的后果之一是,发行这些替代货币的人(无论是谁)都可能会变得愈发贪婪,开始发行更多的货币单位,从而稀释现有货币单位的价值。他们几乎都会宣称自己不会或不能肆意印发替代货币,但使用这种货币的人又能通过哪些方式强制发行人执行他的承诺呢?或者说,如果发行人未能遵守这一承诺,这种货币的使用者又该找谁索要赔偿呢?

即使是所谓的稳定币,也是如此。稳定币是一种加密货币,其价值与具有稳定价值的基础资产(如美元)挂钩。稳定币的理念是发行人持有与稳定币挂钩的实际资产(就像政府曾持有黄金以支撑其货币的方式一样)。因此,稳定币应该只是真实资产的数字表示,具有与真实资产相同的稳定性和客观价值。

回顾早期银行家发行的商品支撑型货币的问题,有助于帮助你理解为什么"稳定币"可能并不像它们的名字那样稳定。只要能确认谁持有这些货币,以及他们的所在位置和拥有的稳定币的数量,这种货币的缺陷就会立即显现出来,即使是规模最大的且与美元挂钩的稳定币——泰达币(Tether)。虽然每个泰达币的价值为1美元,但无法证实其持有的美元数量与其未清偿货币的价值相等。此外,稳定币并不能保证它们可以被赎回或兑换成与之挂钩的货币,也不能证实发行者确实具备其宣称的自身所持有的真实资产量。

对替代货币的第二个重要考虑因素是,倘若技术上存在缺陷,这些货币就容易受到黑客攻击、易于伪造或陷入各式各样的骗局。想要认识到这个问题的严重性,你可以想想为了处理银行账户问题给客服打电话时所遇到的困难和沮丧的心情。试想一下,如果你的"银行"无人监管,而且只存在于虚拟的网络世界,不隶属于任何真实存在的人,甚至从一开始就不提供任何客户服务,那么要处理这样的问题又将多么困难和令人沮丧呢?

第三个考虑因素是政府可能会打击替代货币，将发行替代货币视为庞氏骗局或认定其违反对公众推销"投资"进行规定的证券法。美国可以完全禁止替代货币，或者通过限制与之相关的支付、储存及其他服务，使其难以流通。这种措施不仅难以执行，还有可能会有损其价值。

如果政府能制定出一种杜绝替代货币市场中匿名行为的方法，就可以让此类货币的交易利润不再如此诱人，同时也会重创替代货币目前的主要用途之一——支持非法交易，例如电脑黑客的赎金结算等。政府也可以对使用替代货币交易所赚取的利润合法征税，截至撰写本文时，其中大部分交易并未向税务机关申报税费。

替代货币的另一风险是各个中央银行可能也会发行数字货币，又称为"中央银行数字货币"（central bank digital currency，简称"CBDC"）。部分加勒比地区国家的中央银行已经开始发行本国货币的数字版本，而包括美联储在内的其他国家央行也跃跃欲试。中央银行数字货币具有官方发行货币的透明度、可信度和安全性。此外，中央银行数字货币可能会引发潜在用户关于隐私性的担忧，尤其是那些使用替代货币进行非法交易的用户。关键在于，如果中央银行利用创新技术推出数字货币，那么其他替代货币可能会面临重大的竞争威胁。

如果任何一种替代货币开始对政府的货币垄断构成威胁，政府涉足数字货币业务、依法禁止或限制替代货币的可能性必然会增加。垄断货币可以使政府通过货币政策影响经济（我会在本书第四部分对此做详细论述），因此，政府不可能不战而退。

截至本文撰稿时，替代货币想要成为广为接受的货币还有很长的路要走。然而，替代货币的价值仍然可能会持续升高，也越来越重要，尤其是如果替代货币变得更加简单易用，许多有实力的大型机构就会纷至沓来，发行替代货币。例如，脸书公司就致力于推出一款虚拟货币——"Diem 币"。

纵观历史，人们在面临不确定的情况并质疑政府的稳定性时，就会购买黄金或钻石等其他有形资产。从某种程度上讲，加密货币似乎也可以充当这一角色。人们愿意将数十亿美元投入完全由陌生人凭空捏造的货币之中，而且也不了解他们制定的规则，对他们所使用的技术更一无所知。加密货币未来何去何从无人知晓，但风靡一时的现状足以说明人们对政府和传统货币缺乏信心。

通货膨胀

无论我们正在使用或者将来会使用哪种类型的货币，都有可能出现通货膨胀。人们常将通货膨胀理解为平均价格上涨，但货币购买力下降同样也应被视为通货膨胀。换言之，也可以将其简单地理解为价格上涨5%就相当于货币价值下跌5%。

下面，我将通过一个简单的案例来说明通货膨胀的发生过程。假如在一场拍卖会上，通过分发固定数额的参拍"代币"，参会人员就可以购买参拍商品。如果代币的总额增加了（切记，这些代币在这场拍卖会以外的场景下不具有任何价值），而待拍商品并没有增加，人们就更愿意参与竞价，每件商品的实际竞价和出价也会更高。因此，所有这些参拍商品的竞拍价和售价都会增加，这时就出现了通货膨胀。具体来说，如果代币额度增长10%，每件商品的竞拍价就会平均上涨10%，也就会出现10%的通货膨胀。也可以说每枚代币的价值缩水了10%，因为代币总额增加就会造成每枚代币的购买力下降10%。

经济运作方式与此类似，但规模要大得多。如果某个国家货币供应量的增长速度超过了商品和服务的供应总量，整体价格就会上涨。正如经济学家经常说的那样，通货膨胀的本质是货币太多而商品太少。

描绘这种重要关系的另一种方式就是将美国的资金总量（包括纸币及支票账户余额）设想成一个巨大的货币池。正如拍卖会案例，所有商品和服务的价格由资金池相对于商品和服务池的大小决定。如果资金池的增速比商品服务池的增速更快，就会出现通货膨胀。如果资金池增速过慢，就会出现通货紧缩（或称为"负通货膨胀"）。如果它们的增速相当，价格就会稳定。

和许多事物一样，适度的通货膨胀相对无害，但造成巨大灾难的通货膨胀，被称为"恶性通货膨胀"，即价格上涨不断加速，最终失控，造成货币一文不值。下文第 11 章中，我会就恶性通货膨胀进行详细论述，也会就美国政府如何控制流通中的美元总量，以及历史上一些国家的货币总量如何失控进行详细论述。

最近，通货膨胀卷土重来，主要是因为新冠疫情暴发造成的生产困难（通常被称作"供应链断裂"），以及俄乌战争引发的石油供应问题。即便如此，截至本书撰稿时，预计所有相关问题及由此造成的价格上涨很可能只是暂时的。尽管一些政治家极力为削减政府开支摇旗呐喊，但没有迹象表明恶性通货膨胀和导致恶性通货膨胀的货币供应量失控式增长已经出现。

金融经济与实体经济

很多人会把金融经济和实体经济混为一谈。金融经济就是货币池，即政府印制的绿色纸片及银行账户中的电子条目。众所周知，凭空创造的货币数量可达无穷大。货币总量也只是美联储控制的数字而已。货币之所以有价值，只是因为人们愿意用它交换实实在在的商品和服务。

相比之下，实体经济就是人们生产、消费的商品和服务池。这些商品和服务由金融经济以美元计量，但又并非仅仅是数字而已。我们的衣食住行、学习及生命都与这些商品和服务息息相关。它们是我们共同劳动的结果，也就是说，它们与货币截然不同，并非只是通过在美联储的电脑上按几个按钮就能实现增长。

印制过多的货币能够造成商品的价格上涨，但不一定能增加产品的数量。而对于我们的幸福生活而言，产品的数量才是关键。价格虚高就和考试中的虚假分数一样——成绩也许在提高，但是学生的知识水平并没有任何进步。

在上一段中我写的是印制过多的货币"能够"造成价格上涨，而不是"一定会"，之所以这么写是有原因的。在拍卖会的案例中，货币过多必然会导致通货膨胀；如果代币增长相应的百分比，而待拍商品的数量保持不变，就会出现和代币增长率相同的通货膨胀。而在现实世界中，货币越多（在某些情况下）其实可以促成生产更多的商品和服务，也就是说金融经济能够影响实体经济。试想一下以下情境：给竞价者更多代币会促使待拍商品数量增加，抑或某次考试的虚假成绩可以让学生变得更好学。

这个由绿色纸片和银行账户中的电子条目组成的虚拟世界怎么会影响到实体经济中的商品数量呢？这是因为在大多数情况下，人们会将这两个世界混为一谈，而且根据金融世界的变化在现实世界中采取行动。当人们发现身边的货币增加时，表现得就像实体经济实际也在增长一样。消费者就开始增加支出，即便经济不景气，企业也会开始增加人手，扩大生产。正是金融世界和现实世界的混淆才有助于政府管理经济，才能摆脱经济衰退。我们将在第12章讨论货币政策时，探讨政府如何处理这种混为一谈的局面。

同时，无论货币数量的变化是否会影响美国生产的产品总量，都会影响产品分配，因为有些产品的价格增幅远大于其他产品。通货膨胀指平均价格上涨，包括所有商品和服务的成本，以及人工成本。由于人工成本是最重要的生产成本，通货膨胀率上升会造成平均薪资上涨。然而，和所有平均值一样，工资也会出现有些人的工资高于平均值或有些人的工资低于平均值的情况，但是有时也会出现有些人的工资远高于平均值，而另一些的工资则远低于平均值的情况。如果两者之间的差距过大，平均工资的数值就极具误导性。

最近，许多中低端工人的工资没有高端工人（切记，首席执行官和华尔街高管也是"工人",他们赚取的也是"工资")的工资增长得快。如前所述,这样就已经形成了一个赢家通吃的经济体。本书中会提到很多与此类似且仍在日益扩大的鸿沟。但关键是,与上一章中论述的趋势不同,通货膨胀本身并不是造成这种不平等现象的主要因素。通货膨胀只是一个平均值,无论通货膨胀是高是低、是有是无,抑或是否会出现负通货膨胀,总有些工人的工资会比平均工资高出很多,而另一些人则始终保持不变。

问题并不在于工资平均值的变化,而在于谁得到的工资比平均值多、多了多少,以及谁得到的工资低于平均值、低了多少。而这正是美国的经济体系中削减机会、加剧不平等的趋势使然。这些趋势会威胁到美国经济体系的整体目标,即让生活更美好,竭尽所能地满足国民的需求和愿望。因此,本书的下一部分将探讨这一体系如何影响个人,以及这一体系的经济规模、如何分配、如何受国际贸易影响等内容。

── 第二部分 ──

人

第4章 支出、生产及收入：破解经济规模的密码

> 人们常说"金钱推动世界运转"……但实际上是世界（全球、各种经济、政治及社会事件）在推动金钱运转。
>
> ——萨凡纳·杰克逊（Savannah Jackson），理财顾问

收入与支出的关系

经济学中最基本的关系之一就是人们的支出和收入之间的关系。这种关系和大多数经济关系一样，对任何仔细琢磨经济问题的人来说，不用借助公式、图表及复杂图形依然可以清楚了解。具体而言，如果将所有美国人的年收入[①]相加，结果就会等于同年美国生产的商品及服务的支出总和（假定按某种会计惯例计算）。

每本经济学教科书中都有包含若干不同变量来显示这种关系的方程式。

[①] "收入"一词在不同背景下含义不同。此处的收入指所有工资、企业利润、利息和租金（经过某些技术调整）的总和。在税收背景下，收入的含义与此不同。例如，如果企业利润留在企业内部，收入中则应剔除企业利润（也就是说，这部分企业利润并非分配给企业所有人），但出售资产（例如个人房屋）所获得的收益则属于收入。在其他情况下，收入可能仅指某人获得的工资。

在我看来，这些方程式与经济学著作中的众多其他方程式一样，对于大多数人理解经济学知识并无帮助（实际上反而可能会妨碍理解）。想要认识世界，关键得先关注世界。

鉴于收入和支出的关系极其重要，我将以三个案例而非一个方程式来帮助大家理解其中的关系。

案例一，如果我在亚马逊上花20美元买了一本书，此时就会有人赚到20美元。而赚到20美元的人其实是一群人，一般包括写作者经纪人、编辑、出版该书的企业主、营销专家、亚马逊公司的员工和股东，以及作者。由于我买了这本书，所有这些收入的总和也是20美元。

案例二，如果一家公司斥资2000万美元为公司的电脑设计部门更换新软件，程序员、因加班学习新系统而获得加班费的现有员工，以及其他参与安装新计算机系统的所有人员，则会共同赚取这2000万美元的收入。

案例三，如果政府支出50亿美元用于在墨西哥边境建造一堵墙，那么就会为修建这堵墙的工人、建筑设备供应商、工程师、不计其数的政府顾问，以及参与提供与之相关的商品或服务的所有人，创造总额达50亿美元的收入。归根结底，所有收入都来自个人、企业或政府在新商品和服务上的支出。

既然收入多少取决于支出，那么一个人决定多存钱、少花钱是否是一件坏事（因为这种行为会破坏收入来源）？财务顾问、父母、朋友甚至经济学家几乎都异口同声地劝告我们，最好把部分收入存起来而不要赚多少花多少。但个人储蓄的金额越多，其他人的收入就越少。那么，省钱又怎么会是一件好事呢？

这个问题被称为"节约悖论"（paradox of thrift）。节约悖论指出，如果每个人都做对个人有益的事（多储蓄），就可能会对他人造成伤害（整体收入降低）。增加储蓄就好比在一艘驶向纽约港的拥挤小船上，你打算从船的一侧移向另一侧，因为在这一侧可以看到曼哈顿下城的风景。如果船上的所有乘客都和你一样移到了这一侧，船就会倾覆，而在你需要靠游泳才能上岸的时候，你肯定早已把看风景抛之脑后了。

经济也是如此。多储蓄对个人而言合情合理。稍微支出一些原本要被储蓄的钱可能会给你带来些许牺牲，却能让你的未来更有保障，也可以让你做成之前无法做到的事情。而现实世界中，有些人决定少花钱、多储蓄，也有些人决定多花钱、少储蓄，通常这两者带来的影响会相互中和。但如果人人都开始增加储蓄额度，收入就会下降。收入下降时会发生什么呢？人们支出的钱就更少。人们支出的钱更少以后会发生什么呢？收入的降幅更大。收入降幅更大时又会发生什么呢？我想现在你已经明白了，经济就会萧条。

国内生产总值

2020 年，在美国，人们在生产新产品和服务方面的支出大约是 20.9 万亿美元，因此也就为美国创造了 20.9 万亿美元的总收入，[1] 这个数字恰好等同于另一个大家可能已经很熟悉的概念，即美国的国内生产总值（GDP）。某一年的国内生产总值就是该年全国生产的所有商品和服务的美元价值（也就是销售价格）。其中包括购买衬衫、理发及购买本书（如果有的话）的开销；政府在新建道路及教师工资等方面的开销；企业在安保服务、购置新的电脑设备等方面的投入。因此，可以把国内生产总值看作一份经济成绩单——国内生产总值可以展现一个国家一年内产出了多少价值。

很多专著都会专门论述国内生产总值、总支出及总收入的详细计算规则。这些规则的重要之处在于通过确认该国的确从本年度生产的所有商品和服务中获益，从而确保经济成绩单准确无误，除此以外，再无其他。

例如，前一年生产并再次出售的商品不会计入当年的国内生产总值，比如包括房产①在内的各类二手商品的销售，这些商品只能算作其生产年份时的国内生产总值。外国人生产的商品销售额不会计入国内生产总值；诸如股票、债券、贵金属或土地等资产转移的"销售额"也不会被计入国内生产总值，这类销售只代表有钱人和有资产的人互换了位置而已，并没有生产任何商品或服务，因此就不能将此纳入国家的经济成绩单。最后，企业购入的用于生产其他商品的原材料（如汽车生产商购入的玻璃和钢铁）也不在国内生产总值的统计范围内。如果要将这部分算入国内生产总值，则会造成国内生产总值虚高。对于一辆售价为3万美元的汽车，当然只能将这3万美元计入国内生产总值，并不会把3万美元连同汽车生产商购买的钢铁和玻璃（以及人工成本及各类其他投入）都纳入其中。对我们而言，关键在于只需些许的技术调整②，崭新的终端商品（也就是可以投入使用的商品）和服务的支出就可以完全等同于国内生产总值。

每年美国的国内生产总值与同年美国制造的商品和服务的总支出相等，也与同年美国的总收入完全一致，这并非巧合。同理，如果我们在新商品或服务上支出了20.9万亿美元，也就说明生产了20.9万亿美元的新商品或服务，最终赚取了20.9万亿美元的收入。在上一节的案例中，购买新书为国内生产总值贡献了20美元，给电脑安装新系统为国内生产总值贡献了2000万美元，修建那堵墙为国内生产总值贡献了50亿美元。因此，支出＝收入＝国内生产总值。

最后，正如国内生产总值可以展现任何时间经济产出的额度一样，它

---

①如果二手商品的部分价格是销售该商品的相关服务费，那么这部分价格就应包括在国内生产总值中。例如，虽然国内生产总值不应包含二手房产的销售额，但包括房产经纪人收取的费用及房产售价以外的所有费用都应计入国内生产总值。
②例如，某年生产的商品存入库存，并在第二年实际售出，则应将该商品计入其生产年份的国内生产总值。

还可以展现一段时间内经济的发展状况。要比较两个不同年份国内生产总值的唯一难题是，其中部分变化是价格变化（通货膨胀）造成的。因此，如果某一年的产出同另一年完全一样，但价格上涨了，国内生产总值也会上涨，但我们的生活境况并不会有任何改善。

因此，为了衡量一段时间内经济的实际增长情况，经济学家会剔除通货膨胀造成的价格上涨因素，这称为"实际国内生产总值"，因为它衡量的是实际产出的增长情况。自"二战"结束以来，按实际国内生产总值计算，美国经济的年均增长率略高于3%。其间，早期的增长率高于近期。自2000年以来，实际国内生产总值的增长率已放缓至年均增长大约为1.8%，一些经济学家担忧这一增长率将会持续放缓（他们将之称为"经济长期停滞"现象）。[2]

国内生产总值与生活水平

各种排名风靡一时，人们也可以利用国内生产总值的数据对各国产出的商品和服务的总价值进行排名。截至本书撰稿时，美国国内生产总值位列全球第一，但经常有人预测排名第二的中国在未来的几年内就会超越美国，跃升至第一位。许多经济学家、国家领导人、商界人士及国际投资者都将这些统计数据视为衡量各个国家人民生活状况的指标。他们这样做是对的吗？

前文已经讨论过用国内生产总值衡量人们生活状况的第一个问题：国内生产总值只是等于各种商品和服务的销售价格的总和。电脑的价格下跌，但品质却在飙升，就会造成每台新电脑对国内生产总值的贡献趋少，但人们的生活质量却在提升。过去，许多家庭会购买各种百科全书以辅助孩子学习，但现在所有这类信息（而且比百科全书多得多的信息）都可以在网上免费获得，百科全书的销售额度对国内生产总值的贡献在变少，但是人们的生活质量却在提升。如果我在自家后院种植有机蔬菜，不去超市购买包裹着好几层塑料纸的蔬菜，超市销售额减少会使国内生产总值相应降低，但我的生活（当然还包括环境）的品质却在提升。如果社会犯罪率下降，我们在安保系统和治安保护方面的支出就会减少，国内生产总值就会相应降低，但生活质量显然会好很多。这些案例表明了将国内生产总值当作衡量人们真实生活状况精确指标的局限性。

要比较不同国家的国内生产总值时，就会出现第二个问题，即每个国家的货币不同。为便于比较，需要将各国的国内生产总值转换成一种通用货币。大多数情况下，会用美元充当这种通用货币，但问题是，如何进行货币转换？如果只是简单地以现行汇率进行转换，就会造成数据严重失真。

汇率由买卖各国货币的货币交易人决定，他们创造了一个全球市场，其中涵盖大多数国家的货币。在该市场中，如果人们希望从另一个国家进口商品或在另一个国家进行投资时，就需要将本地货币兑换成另一个国家的货币。因此，国际市场上交易的商品、服务和资产，如石油、电视、政府债券及其他"可贸易品"，可以决定汇率。这些都是人们需要获取外币购买的商品，因此，它们决定了外币的价值。当地人购买的只在当地销售的商品和服务，如理发、住房、教育及生鲜食品（经济学家将这部分商品称为"不可贸易品"），这些商品对汇率几乎没有任何影响。这对我们来说意味着什么呢？

这意味着在一个拥有廉价、不可贸易的本地商品的国家，其国内生产总值所反映的情况往往低估了该国的实际生活水平。试想哪些国家会拥有廉价、不可贸易的本地商品呢？显然是那些贫穷国家。这些国家拥有廉价的土地和人力资源，其他成本的投入也较少，当地生产的产品价格低于富裕国家生产的同类产品价格。例如，住房就是一种典型的不可贸易品（因为住房是固定在地面上的，不能出口，除一些高端房产外，大多只能在当地售卖）。显然，将货币兑换成同等数额的美元，在一个较贫穷的国家能买到的住房面积要比在美国能购得的面积要大很多。因此，相同面积的房产在美国和墨西哥对所属国的国内生产总值的贡献情况却不相同。由于墨西哥的房产成本较低，则对墨西哥国内生产总值的贡献也就较少。另一方面，在拥有昂贵不可贸易商品的国家，如瑞士和卢森堡等富裕国家，它们的国内生产总值会夸大人们的生活质量，因为这些国家的国内生产总值中包含了这些商品的高昂成本。

经济学家试图通过使用"购买力平价"（purchasing power parity，PPP）汇率将各个国家的国内生产总值转换成美元来说明这种失真现象。为此，他们首先确定每个国家购买大量消费品所需的当地货币数量。购买力平价汇率也就是一种能在美国购买同等数量商品的汇率。另一个国家的国内生产总值换算成美元时，它的换算比率可以反映本国货币在当地经济中的实际购买力。换言之，购买力平价汇率试图将一个国家拥有的苹果数量和另一个国家的苹果数量进行对比（实体经济），而不是比较两个国家的苹果价格（金融经济）。

这一切看起来似乎都很科学，但如果你试想一下统计每个国家同等数量商品的难度之大，好像就不是这么回事了，尤其是当地商品和服务的质量差异过大，就更难统计。此外，各个国家都还存在大规模以现金交易为基础的非正规经济，许多国家还有黑市经济，而这两种情况不可能完全被纳入统计。经济学家通常会以估算的方式将这些情况纳入国内生产总值。此外，国家越穷，这两种形式的经济规模就越大，对这个国家国内生产总值的统计就越不充分。

最后，要想知道国内生产总值对普通人的生活水平有何意义，就必须要了解以下两个事实：

其一，要知道这个国家的人口数量是多少，这样就可以计算出每个人的国内生产总值（即通常所说的"人均国内生产总值"）。如果按人均国内生产总值排名，美国依旧表现得非常优秀，领先于中国，因为中国的整体经济产出虽然与美国相当，却要分配给相当于美国人口4倍之多的庞大人口。

其二，还需要知道国内生产总值在人口中的平均分配程度。如果一个国家出现了严重的收入不均，那么这个国家国民的生活水平要低于国内生产总值更低但收入分配更均衡的国家。我们很难精准计算出一个国家的收入分配是否均衡。衡量收入是否平等最常见的方法是"基尼系数"（Gini index），研究该系数会得出收入分布情况的得分。如果得分是"0"，则说明这个国家的每一位公民赚取的收入完全相同；如果得分是"100"，说明这个国家的所有收入都集中在一个人手中，其他人一无所获。[3] 世界银行的一份报告显示，中国和越南的基尼系数（分别为38.5和35.7）高于德国和加拿大的基尼系数（分别为31.9和33.3）。[4] 基尼系数越高就意味着收入越不平等，美国的基尼系数为41.4，也就意味着美国的收入不平等程度比上述四个国家乃至所有主要工业化国家都要高。

随着经济不平等日益加剧，基尼系数在评估典型人口的经济状况方面变得越来越重要。例如，虽然瑞典人均国内生产总值略低于美国，但由于瑞典的收入分配更均衡，因此瑞典人可能比美国人更富裕（瑞典的基尼系数为30.0）。

即便不利用上述这些方法，一个国家分配给每个国民的国内生产总值也完全可以计算出来，那么更重要的是什么？这个问题的答案几乎与其他和经济学相关问题的答案一样，可以通过环顾四周、仔细观察做出判断。年收入达63 414美元的人一定比年收入8329美元的人生活水平更高吗？以上两个数值正是世界银行发布的2020年美国和墨西哥的人均国内生产总值的数据。[5] 我想大多数人可能都会认为这两个国家的数值差距太大。那么美国同德国（人均国内生产总值为46 208美元）、瑞典（人均国内生产总值

049

为 52 274 美元）、英国（人均国内生产总值为 41 125 美元）或者瑞士（人均国内生产总值为 87 097 美元）等差距较小的国家进行比较呢？

美国同其他发达国家在人均国内生产总值上存在差异的原因很可能是，与美国相比，其他国家的大多数人工作时长较少。每周工作时间更短、照顾家里的时间更长、退休年龄更早及更多的假期，都会削减国内生产总值，但这些因素会降低人们的生活水平吗？可见，国内生产总值相对较小的差异实际上可能毫无意义。

国内生产总值在评估生活水平方面具有显著的局限性，因此催生出了可直接考量人们生活水平的各类因素，如寿命、营养、人身自由、安全、教育及医疗保健等其他指标。其中就包含由几位杰出的经济学家研究推出的"社会进步指数"（Social Progress Index）。该指数汇聚了 50 个衡量生活水平的指标，以实现"独立于经济指标综合衡量真实生活质量的标准"[6]。在这一指数排名中，美国位列第 24 位。美国在其他衡量生活质量的指标中的排名均比其人均国内生产总值的排名更靠后。

然而，一般来说，人均国内生产总值越高，意味着可以获得更多的商品和服务。获得更多的商品和服务虽然并不一定能保证人民生活质量更高，却是保证生活质量的必要条件。正如高收入家庭可以挥霍资源一样，国内生产总值较高的国家可以将大量产出浪费在毫无意义的涉外活动、过度的安全保障、庞杂的医疗管理机构，或为惩戒那些触犯法律而设立开销巨大的监狱体系等诸多方面。同样，和低收入家庭精打细算一样，国内生产总值较低的国家也可以对国家资源持筹握算，尤其是在教育（提升国民生产效率）、基础设施（提高经济效率）及民生保障措施（减少因健康状况、犯罪及其他社会问题造成的经济损失）等方面。

产出量更高的经济体，至少有机会改善人们的生活水平。因此，如果人均国内生产总值增加了，而人们的生活水平却没有任何提升，这说明问题不在于产出量，而在于谁掌握着消费能力，这些消费能力被用在何处。下一节将会就这些问题进行详细论述。

国内生产总值与支出

美国人在商品和服务上的支出主要包含以下四个方面：（1）美国消费者支出14.1万亿美元（大约3.3亿像你我一样的普通人在不计其数的商品和服务上的开销）；（2）国内企业支出3.6万亿美元（主要用于建筑、机械、设备、软件、专利，以及用于生产所需的所有其他商品和服务）；（3）政府支出3.9万亿美元（包括联邦政府、州政府及所有其他各级政府的支出）；（4）外国消费者、企业及政府支出的2.1万亿美元（他们购买美国生产并出口商品和服务的开销）。这四类支出合计为23.7万亿美元，超出国内生产总值2.8万亿美元。这是为什么？部分原因是美国公民对外国生产的商品和服务的支出（进口）所造成的，国内生产总值（即经济成绩单）并不包括我们所购买的并非自己国家生产的商品。也就是说，我们在进口商品和服务方面支出了2.8万亿美元。如果将这部分支出从总支出中剔除，总支出就是20.9万亿美元，与国内生产总值正好相等。[7]（第6章会对进出口的诸多方面进行详细论述。）

可能会有人注意到，美国政府的支出占国内生产总值的比率似乎很低。美国联邦政府2019年的预算为4.45万亿美元，2020年由于新冠疫情暴发造成联邦政府预算上升至6.55万亿美元。[8]如果把州政府及各地方政府的预算也算在内，2019年政府总支出为6.8万亿美元，2020年这一数值增至8.8万亿美元。[9]那么，各级政府在商品和服务上的总支出为何会只有3.9万亿美元呢？因为将近一半以上的政府预算并非直接用于购买商品和服务，而是会转移给个人（通过社会保障、学生资助及食品券等各类项目）或企业（通过拨款或补助项目），再由他们支出。

因此，政府预算可以分成两大类。上文已经讨论过第一类，即政府在商品和服务上的直接支出。其中包括国防开支、医疗保健、道路交通、教师和警察的工资等，这些仅是政府每年购买的商品和服务的部分名目。

另一个更大类别是政府转移给他人的支出款项。例如，2020年，联邦政府的预算开支包括：约1.1万亿美元被用于社会保障，约950亿美元被用于"补充营养援助计划"（Supplemental Nutrition Assistance Program，一般也称作"食品券"），约460亿美元被用于补贴农民。[10]这些项目都是"转移支付"的典型案例，政府并不参与这些转移支付款项的消费，而只是将其转移给个人或企业，再由他们实施消费。美国政府可以通过转移支付的方式对国民资金进行再分配。政府通过征收税费或向其借款的方式收回一部分人的消费力，并通过转移支付项目将其重新分配给另一部分人。因此，正如本书最后一部分所述，转移支付在解决日益增长的收入不均问题上可以发挥重要作用。

经济学家将美国经济称作"消费经济"是因为消费支出在美国的所有支出中占比最大，因此消费支出也是生产的驱动力。实际上，消费者的直接支出极其重要。如果没有消费支出，企业就没有理由在工厂、工具、设备、办公楼和计算机等方面投入更多资金，而资金又是工厂生产人们购买的所有商品和服务的必需品。

那些声称"降低富人的税收不仅有利于经济增长，而且可以创造更多就业机会"的人，往往忽视了这一事实。这种观点已经衍生出许多名字，包括"里根经济学""下渗经济学""供应经济学"，依然很受政治谱系中很多右翼人士的欢迎。他们认为，富人几乎可以得到自己想要的一切，因此与穷人相比，给他们减税，他们就可以节省更多资金。事实的确如此。

而这种观点的谬误之处是：节约的更多开支必然促使企业加大投资，从而促进经济增长，创造新的就业岗位。这种观点违反常识。如果消费者对某种产品的需求没有增长,试问哪个头脑清醒的商人会增加投入、扩大生产?此外,即便消费者对产品的需求出现了增长,商人会想方设法扩大融资,而不会在意富人减免了多少税费。如果产品的需求没有增加,即便给他们提供融资渠道,也只是徒劳。

由于企业扩张的前提是产品和服务的需求量增加,因此更加行之有效地促进经济增长、创造更多就业机会的方法是为低收入人群减税。和有钱人倾向于把减税所得储存起来相比,生活水平更低的人群则更倾向于将减免的税费用于消费,那么,为低收入人群减税就能扩大对产品和服务的消费需求。如果只为有钱人减税,那么可能只有一丁点的资金会"下渗",惠及普通美国民众。如果减税或其他财务效益,例如债务减免或现金转移支付,都集中在并不富有的人群当中,几乎所有资金都会很快用于消费新的商品和服务,进而促使企业加大投资,促进经济发展以满足这类新的需求。

显然,谁在消费及消费了多少都取决于人们的收入和财富的多少。人们如何赚取这些收入,如何积累财富正是下一章节论述的主题。

第5章 劳动收入、投资收入及财富：区分劳动和资本收入

> 我赚钱的方式老套而陈旧，都是继承来的。
>
> ——约翰·瑞希（John Raese），
> 商人、西弗吉尼亚州共和党前主席

支出转为收入

正如前一章所述，美国产品、服务方面支出的每一分钱，都会为美国人创造一分钱的收入。那么，那些数万亿美元的支出如何变成我们的收入呢？这种转变有两种方式。

第一种方式是报酬、工资、小费、奖金及其他各类劳动所得。工人的最低时薪，以及首席执行官数百万美元的年终奖金，均属于这一类。我们将这一类称作"劳动收入"。如果将所有劳动收入累加起来，就可以将其看作劳工在国内生产总值中的占比。

获得收入的第二种方式是"投资收入"。其中包括企业利润、向他人借贷获得的利息收益，以及出租房产所获的租金等[①]。如果把所有的投资收

[①] 企业所有者可以同时从自己的企业中获得劳动收入和投资收入。他们在企业中的工资就属于劳动收入，企业所获得的利润就是投资收入。小型企业这两类收入的区分较为模糊——因为店主可能只会将其对商店投资所得的利润看作自己的收入，而店铺之所以能够生存，也是因为店主辛勤工作。然而，税收法规对如何区分这两种收入有非常明确的规定。

入累加起来，就可以将其看作资本（即创造收入的资产）所有者拥有的资产在国内生产总值中的占比。

其实投资收入要比人们想象的大很多，因为企业的每一分利润都属于企业所有者的收入。即便这些收入只是存在企业账户里，而不是以股息或资本收益的方式分配给企业所有者。企业并非人类，但是他们可以拥有资产、赚取利润，另一方面企业又隶属于人类，属于那些资产和利润的最终所有者和受益人。企业在支出所有费用、薪资、税费等其他所有开销后剩下的利润，应与分配给企业所有者的资金相当。只是因为企业账户中的现金并没有转移到企业所有者的个人账户中，但这并不会改变这些资金归属于企业所有者这一事实。

那么，国内生产总值中劳动和资本的划分又是怎么回事呢？根据麦肯锡全球研究院（McKinsey Global Institute）的数据，美国的劳动收入在所有收入中的份额从2000年的63.3%下降到2016年的56.7%（与此同时，资本的份额从36.7%上升到43.3%）。[1]这种收入从劳动到资本的转移还突出表现在，在同一时期的这16年里，美国的国内生产总值增长了82%，而工人的净薪酬中位数却只增长了46%。[2]根据上一章中的论述，相信大家已经可以做出相应的推断，即如果劳动收入的增长比国内生产总值增长慢，投资收入就会比国内生产总值增长得快。在过去的几十年间，大多数主要国家的劳动收入份额也在下降，但下降的幅度并没有美国那么大。[3]

从本质上讲，普通工人正在遭受双重打击。如本书的第2章中所述，劳动在总经济规模中的占比在不断缩减，造成了顶层人群和其余所有人之间的分配越来越不平等。那么，为什么资本的占比会不断增长呢？

财富创造财富

就像所有的劳动收入都来自工作一样，所有的投资收入也都源自财富——产生投资收入的资本所有权。财富主要由股票（代表企业所有权的股票)、债券(代表债券所有者借出的资金)、有形资产(例如可对外出租的房地产)及银行账户余额等构成。截至本书撰稿时,美国的财富总值大约为145万亿美元。[4] 构成财富的资产通常会随着时间的推移而不断累积,有时要经历很长一段时间,如继承财富。如前所述,继承财富占美国所有财富的一半以上。

毋庸置疑,财富比收入创造的收益更大。财富是一种价值存储,无论何时,无论出于何目的,都可获得,而且工作表现并不会对财富产生任何影响。在此论述中尤为重要的是,财富几乎总是会为其所有者赚取收入,并随着时间的推移不断增值来创造更多的财富。亿万富翁埃德加·布朗夫曼(Edgar Bronfman Jr.)曾这样评价这种现象:"把100美元变成110美元是工作,而1亿美元变成1.1亿美元则是必然。"换言之,由于储蓄规模较小,低收入人群很难存钱,因此投资选择也就极其有限,而富人在消费后仍然资金充裕,也就有机会在经济中获得最佳的投资机会。

正如绝大多数人的一贯做法一样,当投资价值增长时,在所有者实际出售投资并将收益收入囊中之前,价值的增长根本不需要征税。例如,尽管杰夫·贝佐斯的财富因2020年亚马逊股价增值而增加了约750亿美元,但他并未缴纳该收益的任何税款,而且在出售该收益之前也不需要对该收益纳税。此外,美国亚马逊公司正式员工2020年[5]的工资中位数为37 930美元,而且每个员工都要为其收入缴纳税款。

诸如股票这类资产在最终售出时,税法要求对投资者获得的利润征收一种较低的专项税种,称为"资本收益税率"(capital gains tax rate)。资本收益税率的运作方式如下:如果有人以10万美元的价格买入股票(或任何其他类似资产),再在5年后以16万美元的价格卖出,就会获得6万美元的"资本收益"(capital gain)。即便该股票在这5年间每年都在升值,但也只有在5年后出售该股票时才会对所获收益征税。最后,政府就会对这6万美元的收益征收相对较低的资本收益税。（销售价格16万美元中的10万美元属于返还资本，只是该投资人原始投资的回报，免予征收税费自然合情合理。）

这意味着什么呢？对人们劳动所得的收入（即薪资收入）所征收的税率几乎总是比对投资收入征收的税率高，而投资收入都集中在较富有的纳税人手中。沃伦·巴菲特（Warren Buffett）的财富估值约为800亿美元，而其闻名遐迩之处在于他按个人收入缴纳的税费居然比自己的秘书还低。这就是因为资本收益的税率较低，这是他挣钱的方式；而工资收入的税率较高，这也就是他的秘书挣钱的方式。

许多资产不仅会随着时间的推移而增值，而且还会给资产所有者带来定期收益。这些收益包括：股息①、债券利息及房地产租金。而这些收入缴纳的税费同样也低于对劳动收入所得征收的税率。即便资产在售卖以前没有获得任何收益（例如二手房屋业主没有将房屋出租或者不支付股息的股票），资产所有人也会从投资价值增长中获益。这部分利润不征税所带来的好处包括：能够以不断增长的资产价值作为抵押品，以较低的利率借贷资金；更多的财富所带来的财务保障；根据需要将收益转换为现金的能力，以及也可能会购置另一套住房，或者用在其他可以消磨时光之处。

不对人们每年的资产增值征税的一个理由是，很难准确地知道这些资产在这一年中的增值额度。但是，公开交易的股票和债券并非如此，而美国大部分财富都由这两类组成。股票价格的增长有据可查，一年中所获收益也很容易就可以查明。②但即便如此，这些收益仍然不需要纳税。

---

①股息是公司向其股票持有人（即股东）分配的利润。公司可以定期（如每季度）或在其认为合适的时候进行分配。
②如果因股价下跌而造成损失，股东可从其收益中扣除相应金额。这就是已售出股票的收益和损失的运作原理。这种收益和损失的运作机制同样也适用于未售出股票。

不对资产增值征税的另一个理由是：公司已经根据自身的利润向政府纳税，因此股东的收益会因缴纳税费的数额而相应降低。截至本书撰稿时，（美国）公司利润税率为21%。由于税法极其复杂且存在大量的漏洞，2018年美国500强企业支付的平均税率实际仅为11.3%，而且其中有91家企业未缴纳任何税费。[6] 这些未纳税的企业不乏亚马逊、雪佛龙（Chevron）、哈里伯顿（Halliburton）和国际商业机器公司（IBM）等世界知名大型企业。

但依然存在一个问题，即美国为什么对投资者最终获得投资收入时征收的税费总要比劳动收入的征税额度低很多？支持降低投资收入税率的政治家们认为，这样会刺激投资者继续投资。如果投资者必须为投资收益缴纳更多的税款，谁知道他们会不会把自己的积蓄隐藏起来呢？如果一项投资的收益率为6%，这项投资的收益税率也增加了，那么投资人会不会认为零利润的项目才更值得投资，就不去选择投资这个项目了呢？

此外，难道对劳动收入征收更高的税率不会减少工作积极性和生产效率吗？也许只可能对那些大部分收入都要养家糊口的人来说不会产生太大影响，对那些年龄较大的工人、准待业人群及其他一些群体来说，实得工资的变化可能会影响他们是否愿意从事这份工作。要看穿那些降低资本收益税率支持者的花言巧语，并不需要多么高深的经济学知识，和其他许多问题一样，只需要运用基本常识就已足够。

显然，财富可以创造财富。一个人拥有的财富越多，积累的财富也就会越来越多。这些对投资收入的减税优惠，再加上日益加剧的收入不均衡，以及各类遗产不断增加，造成财富进一步集中。对美国财富集中程度的现状已有很多估测：圣路易斯联邦储备银行（Federal Reserve Bank of St.Louis）预估，美国77%的财富由最富有的10%的家庭所持有[7]；而国会预算办公室（Congressional Budget Office）则估计，半数美国最底层家庭所拥有的财富仅占所有财富的1%[8]。如果不采取一些措施促使竞争环境更加公平,那么这种差距可能会导致财富及权力不断向相对较小的人群集中。

这种现象正是托马斯·皮凯蒂（Thomas Piketty）在其著名的《21世纪资本论》（Capital in the Twenty-First Century）一书中的论述焦点。那是一本800多页的经济学著作,却成了畅销书,实属罕见。皮凯蒂在书中谈到,世界将回归"世袭资本主义"（patrimonial capitalism）体系,这是一种大部分经济都由继承财富主导的社会。他担心,这将使社会变成寡头政治社会,在这一体系中,一小部分人对社会的掌控程度早已让民主制度灰飞烟灭。

另一本理查德·里夫斯（Richard Reeves）的畅销书《梦想囤积者：美国的中上阶层何以能一骑绝尘,为什么这会成为问题以及该如何应对这一问题》（Dream Hoarders: How the American Upper Middle Class Is Leaving Everyone Else in the Dust, Why That Is a Problem, and What to Do About It）就指出,继承财富的影响之大,为何会远超下一代所有资产的总和。继承财富可以奠定早期生活的种种优势,在优质教育方面尤其突出,而优质教育又可以确保富裕的父母能够将他们的地位传承给自己的孩子。里夫斯认为,这样就有可能出现"垄断市场",缩小社会迁移的概率,降低经济竞争力。此外,富裕家庭的子女一旦功成名就,他们（以及社会）就会将这些成功看成天资聪慧、勤奋好学使然,但对因为家境优越而为他们"囤积"的优质学校、私人辅导、各种优质资源及人脉关系却只字不提。人们越是低估这些优势的重要性,就越是觉得没有必要支持出台让更多家庭背景各不相同的儿童获得相同资源的相关政策。

美国的缔造者并没有意识到这样的风险,即民主选举产生的代表会让少数人（如富人）获得的利益远超大多数人的利益。他们认为任何对这种情况置之不理的民选代表,民众都会以投票的方式将其罢免。事实却与此大相径庭,即在民主制度下,多数人可能会践踏少数人的权利。具体而言,美国的缔造者担心大多数人会赞成对人数少得多的富人的财富征税。总统选举人团（Electoral College）就是因这种担忧而产生的新问题之一。

但与那些缔造者不同，无人不知金钱可以扭曲政治进程。尽管不乏有人可能会认为选民是出于自我利益做出明智选择，但其实在金钱至上的驱使下，选民也会变得言听计从。尤其是在2010年，最高法院在"公民联合会"（Citizens United）一案之后便打开了闸门，即允许企业可以无限制地资助选举，进而影响选举结果，这一部分将在第8章中详细论述。至于选民如何以及为什么选举会轻而易举就被拥有巨额资金的政客所操纵，这应属于政治学专著论述的范畴。而本书的重点在于关注选民会被操纵这一事实，以及由此而产生的后果。

财富日益集中，紧随其后的就是收入和权力不断集中，两者显然都不会带来什么好处。纵观历史，财富的极度不均衡通常会导致武装革命（例如法国、俄罗斯等国的革命），或国家崩溃（如罗马帝国的灭亡）。偶尔一场致命的瘟疫突然来袭，会造成社会重构（例如中世纪欧洲的黑死病），好在这些结果都完全可以避免。

本书的最后两章讨论了能够在提高生产力的同时实现减少不平等这一关键目标的相关政府政策。具体而言，最后一章重点论述了美国的税收制度，并展示了这种制度让不平等现象雪上加霜的原因，即税收加剧了经济不平等，以及如何扭转这种局面的方式。在书的结尾讨论这部分内容的优点是，当大家读到本书的最后部分内容时，已完全具备相关的经济学背景知识，可以判断哪种方法行之有效。

下一章，我们将放眼全球，探讨全球对美国及美国经济产生的影响。

第6章　开放的经济体：国际贸易与我们的未来

> 自由贸易是政府能够给予人民的最大福泽，但自由贸易却几乎在每个国家都不受待见。
>
> ——托马斯·B. 麦考莱（Thomas B. Macaulay），
> 英国历史学家、政治家

自由贸易

自由贸易指从其他国家购买商品和服务（进口）以及向其他国家出售商品和服务（出口）的能力。包括美国在内几乎所有国家的贸易量并非由政府直接决定，而是购买外国产品的美国人以及购买美国产品的外国人等数十亿次个人决定的结果。

许多美国人认为购买美国制造的商品就能体现爱国情怀。他们认为购买国内商品既有利于美国经济发展，又可以为美国人创造更多就业机会。暂不论"美国制造"的其他问题，在当今世界，许多商品都是由几个不同国家共同制造再组装而成，这样一来，购买美国商品还算是爱国的表现吗？人们应该放弃物美价廉的外国产品转而购买美国制造的产品吗？

消费者在购买国外制造的商品时受益良多。我怎么知道呢？若非如此，他们肯定就不会购买外国商品。如果当地制造商能够生产出比外国产品更受消费者青睐的产品，消费者肯定会选择购买当地产品。此外，如果某地商品的价格更优惠，配送也更高效，那么就连外国消费者也很有可能会选购这里的商品。

例如，孟加拉国的气候适宜种植杧果，还有丰富的劳动力来种植，欧洲人也会从孟加拉国采购杧果，而不会在欧洲尝试种植，因为这样既耗资巨大又困难重重。孟加拉国种植杧果再运往欧洲销售的成本远低于在欧洲种植的成本。我怎么知道呢？如上一段所述，如果在孟加拉国种植杧果的成本并不低，人们就会倾向于在欧洲种植，而不会从孟加拉国进口。同理，欧洲拥有大量航空工程师和高质量航空基础设施，所以孟加拉人会从欧洲购买飞机，而不会自己斥巨资、费时费力、艰难地制造飞机。

孟加拉国具备比欧洲更低的成本种植杧果的能力，欧洲也具备比孟加拉国更低成本生产飞机的能力，这就称为"比较优势"（comparative advantage）。比较优势并不意味着其他国家不能生产同类产品，也不意味着其他国家不具备生产优质产品的能力。这只能说明具有比较优势的国家生产的同类产品比其他国家更具价格优势，所以从这些国家购买产品更划算。每个国家都会在某些方面存在比较优势，如气候、自然资源甚至廉价的劳动力等。美国人可以组装手机、生产服装、制造电视，而在其他国家完成这些任务的成本要比美国低很多。因此，从其他国家购买这些商品必然物有所值。

自由贸易的优点颇多，不仅能降低产品价格，而且可以获得品种更加丰富的商品和服务，此外还可以加强与其他国家和文化的交流，因此，自古以来，一个国家的富有程度往往与其贸易的开放程度息息相关。例如，在13世纪到15世纪之间，威尼斯是连接西欧、拜占庭帝国及穆斯林世界首屈一指的贸易中心。即便到了今天，人们仍蜂拥而至，游览当地的历史遗迹，一睹曾经富甲天下、充满活力、繁荣昌盛的威尼斯。同样，17世纪的阿姆斯特丹是世界上最大的贸易中心之一,而这里曾经历过的"黄金时代"仍然可以让这座城市充满活力。荷兰人过去创造的财富让他们能够游历全球,并在北美洲建立了一个贸易驿站。而这块宛若弹丸的殖民地,后来利用自身天然良港的优势,成为世界上数一数二的贸易中心,进而成为人类历史上最富有、最多样化的城市之一。后来,这个地方在发展过程中改名为"纽约市"(New York City)。

虽然对富裕的国家而言国际贸易带来的益处显而易见,但对贫穷的国家而言国际贸易的意义更为重大,主要体现在以下两个方面:首先,贫穷国家的民众可以买到他们自己难以生产的商品,例如飞机、计算机,以及各式各样的先进武器。其次,贫穷国家的许多人会因出口而获得额外的工作机会,这些出口的商品包括廉价衣物和相对简单的制成品等,生产这些商品通常需要雇用大量劳动力。虽然这些工作的报酬可能不高,却可以为许多工人提供相对更好的就业选择。

然而,一些欠发达国家却掠夺了人们迈出通往更好生活第一步的机会。许多企业(特别是生产制造企业)的工作环境依旧危险重重、条件恶劣,同时还破坏自然环境、雇用童工,使原本应该上学的儿童失去了通过学习改变自己命运及周边环境的机会。这些企业利用这些贫穷国家的那些身处绝境的劳苦大众为自己攫取更大的利润。

这听起来是否似曾相识?的确如此,我在前文中已经谈到与此极为相似的情况,即工业革命的肇始阶段。前文中,我对早期工厂的生活描述为"早期工厂的环境极其恶劣,很可能是那些从未受到惩戒或奴役的人所能忍受的最糟糕的环境"。如今,有些人可能会对发达国家的优渥生活深感欣慰,而且认为从长远来看,欠发达国家的工人也会和他们一样过上同样丰衣足食的生活。然而,正如经济学家约翰·梅纳德·凯恩斯(John Maynard Keynes)的至理名言:"从长远来看,我们都将逝去。"

工业革命初期，为了建立一个堪比如今发达国家的经济体，能让普通百姓获得充足的食物、体面的住房，以及各种改善生活的商品和服务，是否就应该忍受上文所述的艰苦工作条件？这在当时也存在巨大的争议。时至今日，劳动者显然无须再忍受如此不堪的工作环境。现在的世界比工业革命初期发达得多，如今的工人没有理由再像当时那样饱受疾苦。设想一下，如果将全球国内生产总值（2020年约为84.7万亿美元[1]）平均分配给世界上的所有人（共约78亿人口[2]），一个四口之家将会获得43 426美元，这些钱足以让地球上的所有人摆脱贫困。

但实际上，为工人提供人性化、安全的工作环境所带来的额外成本几乎没有对进口产品成本产生任何影响。如果此时某种产品适合进口，而不是在国内生产，那么改善工人的工作环境不可能从本质上改变这种状况。富裕国家可以强制要求所有企业的工作环境必须达到某些基本的最低标准，包括不雇用童工、创造人性化的工作条件等。如果某个国家对这些规则置若罔闻，其他国家可以对该国实施制裁，或在极端情况下威胁切断与该国的所有贸易，迫使他们执行相关标准。这样也能够激励发展中国家制定类似的标准（如今发展中国家的确在不同程度上都出台了相关标准），而且要切实执行到位（但目前发展中国家的执行情况并不理想）。

自由贸易可以扩大各个国家民众商品和服务的市场，从而使各国民众及子孙后代都能拥有更美好的生活。不应再继续容忍那些虐待工人、破坏环境和剥削儿童的企业剥夺那些身处绝境的人们的机会。这些工人本就不应该等待200年（大约从工业革命开始到西方建立庞大的中产阶级的时间）才能过上更好的生活。

进口商品

这本书的核心主旨之一是，如果大家愿意仔细观察世界并充分运用自身的常识，经济学的基本原理就会变得简单易懂。这一观点同样适用于了解全球经济。如前所述，美国货币（美元）和几乎其他所有国家的货币一样都是法定货币，即政府凭空创造的货币。每张1美元钞票的制作成本约为6.2美分，即便是面额更高的单张钞票，制作成本也都在10.8~14.0美分之间（因为这些钞票包含更多的防伪技术）。[3]

所有人都愿意一年只工作几个小时，印制每张只需几美分的绿色纸条，然后再用它们换取价值超过其本身很多倍的商品和服务，难道这有什么问题吗？进口商品就等同于免费的午餐吗？有人可能会认为，一味地以进口为目的大量印制货币会导致通货膨胀。然而，众所周知，如果印制新的货币会产出新商品和服务，进口肯定会为经济带来与新印制的货币数量相等的新商品和服务，那么价格就不会受到影响。因此，美国可以只通过印制钞票的方式从国外购买自己所需或想要的一切吗？

想想这笔钱会落入卖给美国人法国葡萄酒、瑞士手表或中国各种商品的其他外国人手中时会发生什么，这个问题的答案就显而易见了。这些外国人可能会直接用这些美元从美国购买商品；或者他们可能会持有这些美元一段时间，然后再用它们从美国购买商品；或者他们可以在某些银行或货币兑换处把这些美元全部兑换成其他货币，这些银行或兑换处则会一直储存着这些美元，直到另一个客户需要用它们从美国消费时才能再进行兑换；或者这些美元可能会在国外几易其主，但最终都会落入想从美国买东西的人手中。所有这些场景有什么共同点呢？所有流入国外的美元最终都会经过再次消费进入美国。

今天花在法国葡萄酒上的钱可能在一段时间后才能重新回到美国，但是几年前购买法国葡萄酒的钱可能在今天又流入美国市场。日复一日，一部分美元在国外购买进口商品的同时，外国人又会用另一部分美元来回购美国出口的商品。如果每1美元都无法让外国人在美国获得同等价值的商品和服务，那么外国人一开始可能就不会有太大的兴趣以美元向美国售卖商品。

国外有多少美元？虽然我们知道大约有 2.21 万亿美元在美国国内流通，[4] 但国外具体存有多少美元却无从知晓。货币只是纸张，因此货币上不可能安置任何嵌入式跟踪装置。即便如此，据从事相关研究的分析师估计，国外持有的美元占比大约是 60%~70%。[5] 为什么会这么多？美元被认定为一种非常安全的流动资产，也就是说美元的价值可以得到全世界的认可和接受。因此，对许多人和机构而言，美元是一种极具吸引力的价值储存手段，尤其是在动荡不安的国家。

显然，有些因美国购买进口商品而流入国外市场的美元并没有重新流入美国市场。这其实表明美国人因此而获利。美国用凭空创造的金钱换取真正有价值的商品。当进口超过出口，美国从世界各国购得的商品和服务要比世界其他国家在美国消费的要多很多。那么，为什么这是一件坏事呢？为什么很多人都会对"贸易逆差"（trade deficit）怨声载道呢？

要弄清楚"贸易逆差"会造成什么问题（如果有的话），第一步就是了解这个术语的含义。简而言之，贸易逆差就是一国在一定时期内所有商品、服务的进口额超出所有商品、服务的出口额。2020 年，美国进口总额达 2.77 万亿美元，出口了约 2.12 万亿美元的商品和服务。[6] 这就会在当年产生 6500 亿美元的贸易逆差。美国通常存在贸易逆差，但是 2020 年贸易逆差高出以往的平均水平。

因此，大家可能会想，如前所述，如果美国人在国外消费的大部分美元都重新回流进入美国市场，怎么可能会产生如此庞大的贸易逆差呢？问题是，只有"商品和服务"的支出才能作为贸易逆差的统计对象。资产和投资支出并不会被纳入贸易逆差的统计范围，如购买美国公司发行的股票或债券、给美国公民借贷、购买美国政府债券及收购美国房地产等。因此，将所有资产收购和投资计算在内,流出美国的资金数量应与流入美国的资金数量基本相等。[①]美国进口的商品和服务比出口的多,但出口的资产和投资却比进口的多。

所有未能以购买商品、服务、资产或投资的方式回流进入美国的资金,就会成为外国金融机构、企业和贪腐官员的储蓄资金而留在国外,这部分资金对美国的经济而言都只能算是一次性收益。之所以说美国用凭空创造的纸币来换取货真价实的商品和服务,是因为美联储完全可以增加美国的货币供应量,以弥补那些不再回流进入美国市场的资金。

流失到外国金库的美元可以通过印制新的美元来代替,同时也不必担心通货膨胀,因为美国市场上实际流通的货币数量并不会增加。替换留在国外的美元不会导致通货膨胀,这就像用新印刷的纸币替换破旧的纸币一样,而且政府也会经常用新印制的纸币替代旧纸币,并没有造成通货膨胀。新印制的美元只是取代了已经消失的美元。这些纸币之所以消失,一方面是因为政府把它们销毁了;另一方面是因为某些独裁者为了给自己和子孙后代留下足够的财富,就把这些纸币堆积在自己的金库里。正如在第11章论述的内容一样,美联储总会根据需求的多少来调整美元的货币总量。

因此,如果美国在国外支出的每一分钱都重新流入美国的消费市场,在国外市场上的每一分钱都是美国的收益,为什么有些人还会担心贸易赤字,反对对外贸易呢?用反对自由贸易者的话来说,到底是谁在"敲诈"谁,又是如何进行的呢?自由贸易反对者老生常谈的话题就是工作岗位流失、工人备受其害。但事实真的如此吗?

[①]如果考虑国外持有美元的总量变化相对较小,再利用技术手段稍作调整,美国在国外的进口和投资支出就可以与外国人在美国的出口和投资支出完全相等。

对外贸易和工作岗位

对外贸易是否会损害工人的利益，对该问题的看法因人而异。对美国的低技能工人而言，这个问题的答案是肯定的。自由贸易错综复杂。即便美国目前的最低时薪仅为 7.25 美元，美国工厂的工人也很难与孟加拉国、越南等国的工人竞争，因为这些国家的工厂工人的平均时薪要比美国低得多。例如，像印度这样并不缺乏潜在劳动力的国家，低级别工厂的工人平均时薪还不足 1 美元。[7] 此外，如前所述，尽管许多低技能工作（如家务、清洁和快递等工作岗位）并不能向国外转移，但有许多其他的工作岗位可以完全或部分转移到国外，从而增加了国内岗位竞争的激烈程度，降低了美国国内同类工作的工资待遇。因此，用大多数经济学著作都避而不谈的专业术语来说，国际贸易一直在压榨低技能的美国工人。

而另一方面，对大多数人而言，国际贸易的优点显而易见。我们可能只意识到国际贸易带来了更多物美价廉的商品，但并没有发现许多人也会因此增加了收入，获得了就业机会。微软要将软件卖到国外市场而额外雇用了多少员工？因为有很多国际学生要到美国的大学学习，又额外聘请了多少教授？由于高盛集团（Goldman Sachs）想在全球范围内供应投资产品而额外雇用的员工又有多少？要想在国外销售本书，还要额外再印制多少本呢？（最后这个例子也许并不是最恰当的。）

因其他国家工人的竞争而失业的人会对自己的损失及失业的原因有着深切的感受。失业或未充分就业很可能就是他们怨恨或愤怒的根源。媒体经常公开报道这部分人的困境，甚至有几本畅销书也以此为主题。这类人中，因自杀、酗酒和吸毒成瘾而死的概率不断上升，引起了各方关注。这类死亡甚至还有个专门的名称：绝望而死。

我相信大家肯定能猜到，自由贸易不仅加剧了个体人群中赢家通吃的趋势，而且还将这一趋势扩展到整个社会。由于自由贸易，像西雅图和旧金山这样的地方变得比其他地方更加富庶。但是,诸如底特律(Detroit)和克利夫兰(Cleveland)等依赖制造业的地方正遭受重创。这一趋势中失败的一方处境糟糕透顶,但是,如前所述,在赢家通吃现象中处于胜利的一方也并非想象中的那么美好。美国最富有的城市也对高涨的房价、不断增多的流浪汉及萧条的市井气息等问题自顾不暇,之所以出现这种情况,是因为越来越多的住房不断被炒房者抢购一空,而这些人由于住房众多,很少固定住在某一个地方。这不仅仅是这些人和这些群体的问题——倘若国家未能主动作为,这些问题就会变成与每个人息息相关的问题。

在生活中的主要领域(如工程师或演艺人员)和次要领域(如我本人)获得收入的大多数群体并不关注自己的工作会对国内造成多大影响,因为他们产出的部分商品会销往国外。而且这部分人通常认为自己的成功归功于自身的技能和努力,他们可能完全没有意识到,如果美国人无法在外国市场销售自己的产品,他们很可能也不会如此成功,因为外国市场约占美国国外总支出的75%。[8]

那么,美国商品和服务自由贸易的最终结果会如何呢?一方面,因为国外拥有大量廉价劳动力资源,美国自然会进口大量廉价制成品,因此美国就会丧失许多低技能的就业岗位。另一方面,由于美国拥有大批的先进技术资源,自然会出口许多高价值的产品,而这些产品需要大量的高端人才来制造,因此高技能就业机会就会增加。

然而,我们几乎不可能准确计算出美国失去或增加了多少就业机会。例如,虽然我们可以估算出微软因海外销售而创造的工作岗位数量,但要估算出增加的这些微软员工的支出所创造的工作岗位(在餐馆、私立学校、零售店和无数其他地方)数量极其困难。更难以估计的是,微软的增聘员工所光顾的所有那些餐馆、私立学校和零售店为其员工的额外开销而产生的额外支出(以及由此而创造出的就业机会)。出口创造的就业岗位、收入增长又会不断创造更多的就业岗位和支出，经济学家称这种现象为"乘数效应"（multiplier effect）。与此对应，因进口而失业的工人支出降低则会出现"负乘数效应"。这些工人会减少支出，一旦出现支出削减就会波及整个经济。

许多政治家和劳工活动人士认为，国际贸易破坏的低薪工作岗位数量远大于创造的高薪工作岗位数量，因此会造成美国就业岗位的净流失。为什么会出现这种现象？因为美国进口的商品和服务大于出口，而对外投资和出售资产为国内创造的就业机会又很少。此外，美国进口行业比出口行业的从业人口数量要多（也就是说，美国进口行业的劳动密集程度更高）。然而，近期的研究表明，受乘数效应的影响，对外贸易并非工作岗位净流失的元凶。[9]具体来说，高薪工作岗位数量的增加同样会带动支出增长，进而拉动服务性工作岗位数量上涨。

总而言之，自由贸易使美国人可以获得物美价廉、种类繁多的商品，与此同时，也会为美国创造一些高技能、高薪的就业岗位，取消一些低技能、低薪的就业岗位。因此，自由贸易利大于弊，但对技能注定会被淘汰的工人或者对生活在一个关键工业领域即将遭到淘汰的社区中的人而言，却并非如此。

失业的应对措施

由于自由贸易会产生巨大的物质利益，还能促进国家间的互动与合作，因此问题的关键并不在于是否应该放弃自由贸易，而是如何更公平地分配自由贸易所创造的利益。最明确的解决方案就是让人数更多的自由贸易赢家（在全球经济中赚得盆满钵满的人）补偿那些相比之下人数较少的输家（因外国竞争而失业且缺乏新工作技能的人）。这样一来，人人都可因自由贸易而获利。

具体来说，政府可以通过提供免费技术培训、高等教育或就业培训，提高失业救济金额，制定提前退休政策，甚至为失业工人提供政府工作岗位来平衡利益分配。政府只需对在开放经济中飞黄腾达的这类人适度增加一定税费，用来支持这些措施的资金问题就可以迎刃而解。美国可以做到这些，但它并没有这么做。相反，越来越多的美国人对外国人"抢走自己的工作岗位"义愤填膺，而许多政客却袖手旁观，或者利用人们的愤怒为自己赚取政治筹码。与此同时，许多因国际贸易而获益的人很少会思考上述措施有什么好处、会产生什么影响及这些措施如何实施等问题。尽管可能有些危言耸听，但他们这种不闻不问的态度既不利于制定良好的公共政策，也不利于选举最佳候选人来担任公职。

自由贸易影响就业的另一方面是关税。关税只是政府对进口商品征收的税费。（关税可以对进口商品按件计收固定的金额，也可以按进口商品价格的百分比收取，类似于销售税。）尽管有些关税政策的支持者指出，关税并非由进口商品的外国制造商所缴纳。也就是说，设立在国外的外资公司并不会向美国缴纳税款，也不受美国税法的约束。相反，美国本地的进口商在将进口商品卖入美国市场时须向美国政府缴纳关税。进口商是中间商，他们会支付所有的进口费用，然后再向美国零售商收取商品成本，以及由此而产生的所有相关费用（包括关税）和一定的利润，而这些零售商转而再向消费者出售这些商品。关键问题是：不是那些外国公司在为这些关税买单，而是你我这样的消费者。

由于关税会提升进口商品的价格，因此可以给生产同类商品的国内生产商创造价格优势。例如，如果我更喜欢法国葡萄酒而不是品质与之相当的加州葡萄酒，而且这两种酒的单瓶售价都是20美元，我当然会选择法国葡萄酒。如果政府对法国葡萄酒征收30%的关税，对我这个消费者来说，法国葡萄酒的价格就会随着关税的增加而上涨，其售价涨至26美元一瓶。

那么，我可能就会购买20美元一瓶的加州葡萄酒。这对加州葡萄酒厂及其员工可能是件好事，但对消费者而言却并非如此。消费者要么多掏些钱买自己真正喜欢的法国葡萄酒，要么用20美元购买自己不太喜欢的加州葡萄酒。这种情况对波音（Boeing）、奈飞（Netflix）、微软、纽约大学（New York University）和许多其他依赖外国消费者的美国国内实体及其员工来说，同样非常糟糕。切记，如果外国人不能通过把商品售卖到美国而从美国赚到美元，他们自然也就不会在美国消费。

征收关税的商品越多，关税越高。比如在贸易战中，各国不断提高关税，相互报复，消费者受到的损失就越大。此外，由于关税导致进口商品价格上涨（上文中提到的法国葡萄酒的价格从20美元涨到26美元），国内生产商保持低价、提高质量，与外国生产商相互竞争的压力也就较小。此时，加州的酿酒厂就有可能会把自己的葡萄酒价格提高几美元，或者在质量方面止步不前，也不必担心会损失太多业务。因此，我就只能花更多的钱买自己不太喜欢的葡萄酒，或者干脆决定少买点——但这对我本人和整个国家来说都不是理想的结果。

关税对生产商的影响同样也都是负面的。生产国内不太受欢迎的产品（如加州酿酒厂的案例）的生产商会获利，而那些生产在全世界都趋之若鹜，且美国人擅长生产的产品的生产商则会受到伤害。美国削减进口时，流向外国人的美元就会减少，而这些外国人正是购买美国生产的、极具国际竞争力的商品和服务的目标客户。这些商品和服务包括飞机、高成本电影、音乐和金融服务等。提高关税既不是促进美国企业提高竞争力的良方，也不是促进美国经济健康发展的灵丹妙药。

时任总统特朗普曾说："贸易战很好，而且我们很容易打赢。"这句话，大家可能依旧记忆犹新。然而，但凡战争，都会导致大量惨不忍睹的事情发生。在贸易战中，可能并不会像真枪实弹的战争那样造成人员伤亡，但美国消费者的价值、美国最具竞争力的企业的机会及许多技术高超的美国员工的工作机会都会有所损失。据穆迪（Moody）分析人员估计，特朗普总统领导下增加的关税造成美国的国内生产总值减少了大约650亿美元，同时使美国失去了近30万个工作岗位。[10]

"开战"应该是所有解决问题的办法中代价最大、最不具建设性意义的一个。美国在建立世界贸易组织方面发挥了重要作用，世界上绝大多数国家都是世界贸易组织的成员国。即便世界贸易组织的相关措施有待完善，但也不应弃之不顾，而是应当不断完善、改进世界贸易组织，使其能够完成确保各成员国都能遵守贸易协定、促进自由公平贸易的使命。传统的外交手段及其他贸易伙伴施加的压力也有助于促进贸易的自由和公平。与贸易伙伴发生摩擦时，战争（无论热战还是冷战）抑或贸易战，都应该是最后的手段，而绝非首选对策。

我们现在要转向国内经济，讨论美国的企业，即负责生产商品和服务的实体，探讨这些实体的组织形式、所有制形式及价值创造模式。我们还会探讨这些企业的驱动因素、影响因素，以及赢家通吃现象对企业的影响等。

第三部分

企业

第 7 章　私有企业和股票市场：企业的组织与掌控

> 如果股市专家都非常专业，他们就会买入股票，而不是提出卖出股票的建议。
>
> ——诺曼·拉尔夫·奥古斯丁（Norman Ralph Augustine），
> 洛克希德·马丁公司（Lockheed Martin）董事长兼首席执行官

企业

有人的地方就有企业。专门从事狩猎和采集食物的人与专门缝制兽皮的人进行交易，分工和专业化显然会让两者的生活变得更加美好。随着时间的推移，贸易和商业活动不断扩大，变得日益复杂，价格也不断上涨，尤其是自 15 世纪探索世界之旅开启之后。准备装备和启动探索世界之旅，并带回国外的商品和资源的代价极其高昂。探索之旅的费用，以及其中的巨大风险，都不是一个人或少数几个人所能承担的。因此，公司便应运而生。

公司是依法设立的以开展业务、生产商品与提供服务为目的的组织。[①]虽然公司不是真正意义上的人，但公司几乎在各个方面都可被视作独特的实体。具体来说，公司与其所有者（也称"股东"）完全不同，且相互独立。

---

① 还有一些以公益为目的非营利性企业。本章论述的企业均为营利性企业。

要了解一家公司的所属形式，可以将其想象成一个均匀切开的馅饼。在公司中，这些切成等份的馅饼块就是股票。如果公司有 100 股流通股（即股东持有的股票）[①]，每个股东拥有 1 股，他们就分别拥有公司 1% 的股份。由于所有的股票都具有相同的价值，因此公司的总价值就是股票价格乘以流通股的数量。例如，截至本书撰稿时，世界上市值最高的公司是苹果公司（Apple Inc.）。它的所有权被分成大约 164 亿股，每股价值约 171 美元，总价值略高于 2.8 万亿美元。

股东在做重大商业决策时，如是否与另一家公司合并、是否将公司迁至国外及是否解散公司等，他们拥有的股份代表投票权。公司不定期地将部分利润分配给股东（通过定期或一次性申报股息的方式），而不会将这些利润始终保留在公司，股东根据自己持有的股票数量按比例享有股息。

公司、有限责任和公平

所有人都可以在不成立公司的情况下开展业务、生产商品和提供服务，也可以与其他的合作伙伴一起开展业务、生产商品和提供服务。那么，为什么几乎所有重要的业务领域都是公司在运作呢？公司所有者的有限责任就是其中的主要原因。

只需提交一份州政府的公司注册表，再支付几百美元的费用就可以成立一家公司，这样公司的所有者（以下称为"股东"）就不再承担由公司造成的损害的个人责任。因此，如果你和合作伙伴拥有一艘油轮，而该油轮在长达 2000 千米的海岸线上泄漏并溢出了 4000 万升的原油，个人将对此承担数十亿美元的清理费用。如果你和其他股东以公司的名义拥有这艘命运多舛的油轮 [不妨称其为埃克森·瓦尔迪兹号（*Exxon Valdez*）]，而你

[①] 企业通常还会持有部分股票，这些"库存股"（treasury shares）不具备任何所有权益，既不分配股息也不具有投票权。从现实层面而言，这种股票近乎于不存在。

个人不用承担一分钱的清理费用。除部分小微企业（例如开展家庭清洁或草坪修剪服务的一人制企业）之外，公司能够对个人提供免责保护是大部分业务都会以公司这种组织形式存在的原因。

公司的有限责任只能保护股东的个人资产，而非公司自身的资产。公司自身拥有的资金和财产仍然可以用来处理公司造成的任何损害或承担相应责任。显然，大量公司资产用来弥补其造成的损失的同时，也会对公司股票价值造成损失。实际上，股票价值也有可能会化为乌有，正如安然公司（Enron）的股东在该公司所有假账被披露后，于2001年倒闭破产之后的遭遇一样。大幅降低或消除公司股票价值的行为，如安然公司的大规模欺诈行为，股东对此往往也只能袖手旁观，他们与非该公司股东的其他人看待这些最终真相大白的丑闻时的感受并没有什么区别。但是股票的价值永远不会低于零，这就意味着股东的损失永远不会超过他们所购买的股票价格。

限定公司股东应承担的责任似乎对那些受到公司伤害的人来说有些不公。但是，如果没有公司，我们的生活可能仍然和中世纪村庄里食不果腹的农民无异。有限责任会鼓励投资者为能够改变世界的大型风险项目注资，这些投资者既包括资金规模极小的投资新手，也涵盖持有大量资金、精明老练的投资高手。

成立公司，将拥有无限个人责任的所有者变成了承担有限责任的股东，同时还可以为企业筹集大笔资金，用来添置高效装配线、开发新药、建造供电所需的大型发电厂，以及建设相关的基础设施，让互联网和智能手机进入我们的生活。如果大型公司的所有者担心因公司可能出现的任何事故或其他问题而受到无限责任的重创，他们就筹集不到所需的数十亿美元资金。

让股东对其公司的行为承担个人责任也会引起对公平问题的思考。许多公司规模庞大、结构复杂，股东池太过宽泛（股东太多）或者太过浅薄（成千上万的个人股东不具备足够的实力或能力影响公司的行为），都无法让股东在企业中发挥积极作用。

因此，每个公司都必须设立董事会，代表股东监督公司的行为。股东有权投票选举董事，但董事会只是拉近了股东与公司之间的距离。董事会选聘公司的首席执行官，委托其进行公司的日常管理。首席执行官再去选聘其他管理人员（如总裁、首席财务官和法律总顾问等）。总之，各部门经理向首席执行官汇报，首席执行官向董事汇报，董事由股东推选产生，这就造成大型企业的股东和代表企业的决策者之间距离很远。

这种距离意味着绝大多数股东不太可能知晓公司所面临的问题及采取的行动。如果你持有某家公司的股份，你对该公司的日常行为及其所面临的问题了解多少？鉴于盛行的共同基金，你是否还会对自己持有哪些公司的股票了如指掌呢？因此，自15世纪公司诞生以来，股东就不必为公司的行为承担个人责任。

到目前为止，我们只论述了有限责任对股东的影响。有限责任对那些受到公司损害的人又有哪些影响呢？具体来说，公司造成的损害的赔偿金额会受到公司拥有资产多少的限制，这公平吗？为什么同样都是公司，在美国麦当劳被咖啡烫伤所获得的赔偿要比在当地一家小咖啡店经历同样遭遇而获得的赔偿要多？无论如何，法律都应该平等地对待所有当事人，而不应考虑资产多寡。持有小咖啡店股份的股东与持有麦当劳股份的百万富翁一样，也会享有个人免受任何伤害的保护。也就是说，参与企业运营的小企业股东很可能与大企业股东享有同样的保护，而大企业的股东甚至可能都不知道自己是股东。

那么，如果股东不承担责任，公司本身又没有资产，公司有害行为的受害者还会有其他获得赔偿资金的渠道吗？在理想情况下，答案是肯定的。如果公司日常管理的决策人员公共意识淡薄，那么他们自己的资金也岌岌可危。也许在牵连股东受损之前，他们就应该为自己造成的损失付出一定的代价。

然而，事实并非如此。公司造成的任何损害都由公司的资产承担，而这些资金又都来自股东的投资。公司员工的犯罪行为所造成的损害应由其个人承担，但这种情况极其少见。例如，虽然抵押贷款行业的所有欺诈和金融舞弊行为对2008年经济大衰退（即金融危机）火上浇油，但几乎没有出现追究抵押贷款行业管理人员个人责任的情况。相反，他们的欺诈行为迫使大量新法规出台。那么谁又会为履行这些新规买单呢？主要是股东，因为增加成本就意味着降低利润。从某种程度上讲，成本增加必然会造成公司产品价格提高，消费者也会为履行这些新规付出一定代价。而这些问题的始作俑者，即那些企业管理人员，却早已全身而退。

公司的一举一动，无论是否合法，都是公司雇用的活生生的员工的行为。通过巨额罚款或监禁处罚实施非法行为的员工才是更加行之有效的方法，这样才能让公司的员工遵守职业操守，而不是制定更多的企业规章制度，或者让股东及潜在的客户付出更多成本才能约束员工的行为。检察官可以直接起诉管理人员，而不是起诉一家公司，或寄希望于公司对非法行为涉事人员再采取相应的措施。

作为一家大型金融企业的前任法律总顾问，我可以再次证实这件众所周知的事情：如果某种行为带来的利益远大于其产生的损失，人们犯法的概率就会更大。试想，无数的抵押贷款经纪人为了赚取更多的佣金，帮助他人伪造抵押贷款申请信息而获得贷款资格，如果这种行为会令他们锒铛入狱，而不仅只是受到雇主实施的象征性惩罚，他们的行为可能会截然不同。如果对公司管理人员在代表公司行事时的要求低于他们在个人生活中代表自己行事时的要求，那就是在自讨苦吃。

值得庆幸的是，我们所有人都有办法影响和改变企业行为，这些内容将在下一章进行讨论。但在论述之前，我们需要了解公司股价是如何确定的，这也正是人们关注的焦点。

公司与股票市场

绝大多数大型公司都属于"公共所有",也就是说,公众可以在股票交易机构[如纽约证券交易所(New York Stock Exchange)]任意买卖这些公司的股票。因此,你我都可以和马克·扎克伯格共同成为脸书公司的所有者,虽然我们的股权比例要比他的小得多。公司要想在美国上市,就必须要满足美国联邦机构——美国证券交易监督委员会(Securities and Exchange Commission)制定的一系列严格的要求,并公开发布关于公司的产品、运营模式及企业愿景等众多详细信息。

如果某家公司没有上市,就像大多数小型公司及少数几家大型企业,如彭博有限合伙企业(Bloomberg L.P.)和科氏工业集团(Koch Industries)等,这些公司的股票就属于"私人所有"。这也就意味着公众无法成为这类公司的"所有者",除非公司的现有股东愿意以私人交易的方式向他人出售自己的股份。也就是说,非上市公司与上市公司不同,非上市公司不需要披露企业活动的所有详细信息。

谁掌控着公司呢?如果你持有某家公司超过50%的流通股权,就可以掌控这家公司,并在股东投票中获得话语权。你有权组织投票选出新一届的董事(其中包括你自己),这些董事再聘请一位新的首席执行官(也可以是你)来掌控公司的发展方向。如果公司规模很大,拥有成千上万的股东,而其中许多股东并不关心公司的管理层变动或投票选举的状况,你就可以用不到50%的股权来掌控这家公司。例如,杰夫·贝佐斯拥有亚马逊公司近5亿流通股中11.1%的股权[1],这足以让他掌控这家公司。(第二大自然人股东持有亚马逊0.02%的股权,最大的法人股东是一家持有亚马逊7.1%股权的经纪公司。)

---

[1] 其中一些股份可能由杰夫·贝佐斯的直系亲属持有。

股票价格的确定

和大多数商品价格的决定因素一样，企业的股票价格也由供需关系决定。人们在购入公司的股份时，实际上也同时获得了公司的股权和未来利润。因此，如果人们认为该公司前景良好，买家数量就会超过卖家，该公司的股价就会上涨；反之，卖家数量就会超过买家，股价也就会下跌。

约翰·梅纳德·凯恩斯曾将这一过程比作他那个时代（20世纪初）的选美比赛。一家报纸设立大奖，奖励那位能从一系列照片中选中6名最美丽的女性的幸运儿。其中有什么玄机呢？审美因人而异，不可能有统一的标准。因此，谁最漂亮并非关键所在。关键在于所有参赛选手中公认的最美丽的那一位是谁。股票市场与此类似，投资者会选择购买自认为其他投资者也会购买的股票。凯恩斯总结了其中的经验，即"投资成功的关键在于能准确预判到他人的预判"。

尽管许多投资顾问声称，没有客观的公式能准确地计算出最具潜力的股票，就像无法准确地计算出凯恩斯所描述的选美比赛的结果一样。即便有这样的公式，正如本章开头所述，那些投资顾问会靠着这个公式大赚一笔，而不是花时间向我们推销他们的预判。

商业专家提出了一种可以解释市场是如何决定股价的理论，即"有效市场假说"（efficient markets hypothesis）。该理论提出，每家公司的股价都会包含每个人对该公司未来价值的看法。例如，如果两家公司当前的收益相似，但大多数人认为其中一家公司未来的前景更好，那么对该公司的股价预期则会高于另一家公司。

只需了解一下任何一家投资银行，就可以找到这一理论的有力证据，这些银行的"分析师"是顶级聪明、异常勤奋的应届大学生和商学院毕业生，他们整天（包括晚上和周末）都在仔细研究企业报表、市场数据、经济指标、新闻文章、投资者聊天室及难以计数的其他各类资料。他们用这些资料研究什么？他们找的是那些股票价格稍微偏离他们所认为的价值（根据他们所看的资料和听到的一切相关消息的判断）的企业。对他们而言，股票价格上的任何偏差都是这些投资银行（以及这些分析师）赚钱的机会。如果这些分析师断定某只股票股价过低，他们就会买入这只股票，并期望它的价格最终会上涨到他们认为它本应该拥有的价值。如果他断定某只股票股价太高，就会卖出或者"做空"股票（以押注该股票股价必然会下跌为前提）。投资银行和许多个人投资者的类似行为最终会将每只股票的价格推高到公司广泛接受的公允价值。

这一过程就是"有效市场"概念的源头：股票价格应当快速有效地反应有关公司的所有公开信息。我之所以用"应当"这个词，是因为现实世界中的万事万物，在大多数情况下都要比理论层面复杂得多。投资者（有时似乎是与此恰恰相反的消费者）是活生生的人而非机器，因此他们通常也会冲动、情绪化，甚至非理性地行事。这就是在互联网行业风生水起的初始阶段，"网络公司"的股票出现暴涨（后来又崩溃）的原因，也是"模因"股票（"meme" stocks）飙升的原因。人们对这些股票的痴迷会像病毒一样疯狂传播，而并不是因为这些企业的商业前景发生了什么变化。

即使投资者能够客观、充分地评估某家公司的公开信息，但他们的预测也可能会与现实大相径庭，因为公开信息不可能完整无缺、准确无误。此外，现有的信息也可能是人为操控的产物，那些极力支持公司的人（如公司管理层）会做正面宣传，而不看好公司的人（如坚信公司股票必然下跌的投资者）则会极力贬低这家公司。传播有关公司的虚假或误导性信息以影响股价是非法的。但是，公开发表个人对某公司及其前景的负面看法却是合理合法的。这两方面之间的界限并不总是泾渭分明，即便两者黑白分明，政府也不愿意因此而立案。

有些人确实可以掌握某一家公司的准确信息，而其他公众却无从知晓这些信息，比如一家制药公司即将推出一款轰动一时的新药，可以让这些股东获利颇丰。如此，这些人就会买入该公司的股票，并在公司宣布这一重大消息后坐等价格飙升。或者他们也可以抛售一家即将宣布不利消息的公司的股票。后者最典型的案例是，玛莎·斯图尔特（Martha Stewart）在英克隆公司（ImClone）公开宣布政府不会批准其新药之前就抛售了该公司所有股票。正如玛莎·斯图尔特根据了解到的信息所做出的行为一样，以"内幕信息"（也就是公众还不知道的关键信息）进行股票交易属于犯罪行为，而且可能会让此人身陷囹圄。

至关重要的是，要认识到股票市场上的众多买家和卖家会将公司股票（以及与此相关的其他所有资产）的价格推涨到一个可以反映普遍共识的高度，无论这一价格与股票本身的价值是否匹配。有些人认为他们可以参透市场，还能找出股票市场中价格错误的案例，从而在市场自我纠正时获利。类似沃伦·巴菲特这样精明老练的投资高手对此也是屡试不爽，他们总能在股市中获利。但他们都是特例。总能比许多仔细评估股票价值的分析师和投资者更胜一筹，是极其罕见的成功个案。

股票回购效应

截至本文撰稿时，美国上市公司所有股票的总价值约为49万亿美元。[1] 大家可能会惊讶地发现，根据高盛集团的说法，大多数大型公司股票的最大买家并不是个人、共同基金或退休基金，而是该公司本身。[2] 过去几年间，各类公司耗资数万亿美元从公开市场上回购自己的股票。为什么会出现这种现象？

从理论上讲，公司在确定自己拥有足够的现金（通常出自赚取的利润）的前提下，就会回购自己的股票，因为不需要用这些现金去拓展自身的业务，自然应该将其返还给公司的所有者，即股东。回购股票对股东有什么好处？

回想一下前文提到的公司和馅饼的类比就可以理解其中的缘由。如果一家公司购买了自己的流通股，这些流通股就会从市场上消失，也就无法代表公司的所有权。这样，公司所有权的切分数量就会减少。这就好比减少馅饼切分的片数，可以增加单个切片的大小一样，减少公司股票的切分数量，就可以增加股票的价值。分摊公司利润的股票数量就会减少，每股利润就会增加。当每股利润增加时，股价就会上涨。

就像股息一样，股票回购可以将现金从公司转移到其所有者手中。当公司从想要出售该公司股票的人手中回购股票时，也只是将现金退还给那些不再对公司感兴趣的股东。此举自然也会剔除他们对公司的所有权，这样一来，公司的利益就只需给其余股东分配。

由于决定用公司资金回购股票的高管个人持有大量自己公司的股票，他们回购股票的行为往往也会增加自己的财富。那么，用公司的钱回购公司的股票到底是谨慎的商业决定，还是对股价的蓄意操纵行为？

许多国会议员、金融评论员和工会都会对股票回购行为口诛笔伐。他们认为，如果某一公司持有供其运营以外盈余的资金，不应用这笔资金去收购自己公司的股票，而应该将这笔资金用于推动建立更加公平的经济体系。这笔钱可以用于提高工资、创造就业机会、改善工作条件或资助企业社会责任项目等方面。然而，如果企业管理层对上述这些事情有兴趣，或者认为这些事情对公司而言意义非凡，他们也许早就付诸行动了。阻挠股票回购能逼迫他们改变主意吗？

正如一些立法者所倡议的，如果股票回购受到限制或被界定为非法行为，公司可以直接通过股息将资金返还给股东。股息直接可以以现金的形式分发到每个股东的手中，但这与可以增加剩余股价的股票回购行为截然不同。从公司的角度来看，这两种情况可谓半斤八两，也就是说在这两种情况下，资金都会从公司转移到股东手中。从股东的角度来看，股息并不是从公司获得利润的最理想方式。股息需要纳税（尽管和你猜到的一样，会比许多人的工资缴纳的税率都低），这与未出售股票的价值增加不同，未出售的股票价值的增加并不需要纳税。

也许有人会问："政府为什么不限制股息分红和股票回购呢？"答案是政府必须允许股东以某种方式从公司获利。否则，投资者自然就会对投资这些企业失去兴趣。如果资金只能流入公司而不能流出，谁会投资一家亟须资金的初创企业，或者一家需要资金扩张或创新的公司呢？如果政府延迟资金返还给股东的过程，而不是完全限制这一过程，结果将会造成美国企业现金过度膨胀，而且也很难达到预期的效果。

这笔资金在最终返还给股东之前会发生什么？由于公司高管总是希望增加利润，他们很可能会用这笔钱投资（投资其他公司的股票、债券等）其他项目来获得回报。这样，企业高管在最终可以将现金返还给股东时，又会为股东增加更多的利润。

美国的不平等现象是一个亟须解决的庞杂问题。但是强迫公司将自己的盈余资金用于投资，而不是将其返还给公司的所有者，再由这些所有者投资或消费，这种行为并不会对解决不平等问题产生多大帮助。提高生产力的同时扩增股权的各种措施，不应侧重于解决典型问题，而应侧重于寻找可以促进竞争环境更加公平的有效方法。首先就应从关注企业行为的驱动力及如何影响这些因素入手，这也正是下一章探讨的主题。

第8章 企业行为：企业运营的驱动因素

> 企业有且只有唯一一种社会责任，即只要不违反游戏规则，就可以利用自身的资源赚取利润。
>
> ——米尔顿·弗里德曼（Milton Friedman），
> 诺贝尔经济学奖得主

企业的目标

备受欢迎且被各大高校指定为财务专业教材的《公司财务基础》（*Fundamentals of Corporate Finance*）[1]一书提出："公司金融管理的目标是最大限度地提高现有股票的单股价值。"[①]任何现代财务教科书中对公司金融的描述基本都与此类似。

平心而论，金融管理这一目标激励范围极广，大多数其他的企业目标只能望尘莫及。如果公司的目标是最大化当前的利润，就会出现解雇大量员工、忽视公司资产等刺激措施，从而夸大当前利润，但从长远来看这些行为确实会扼杀一个公司。如果公司的目标是最大限度地提高销售额，该公司最终将只剩下无利可图的业务，长期的金融健康状况也会遭到破坏。

---

① 合伙企业则关注企业合伙人的利益。

如果公司的目标是提供就业岗位，仍然保留薪酬高于外国的本地工作岗位，该公司在与恶性竞争对手竞争时将会异常艰难。如果公司的目标是致力于造福社会公益，该公司就会启动一种首席执行官喜闻乐见，却让你我心惊胆战的宗教或意识形态的激励措施。

如上文所述，股东价值最大化的目标包含了各种各样的目标，公司的股价可以反映市场对其成功与否长期展望的共识。众所周知，成功与否取决于各种因素。如果某家公司欺诈客户，其股票价值也会因为由此产生的诉讼、罚款、名声受损和业务丧失受到影响。如果企业极其谨慎，只投资爆款新产品或帮助工人提高生产效率，由于盈利能力提升，其股价自然也就会上升。

从理论层面上来讲，这些都无比正确，但可能仍然会有人质疑增加股东价值是否应该是公司的唯一目标。具体来说，一家公司可以合理合法地避开法律的惩处，如污染环境、给工人支付低于生活标准的工资、将工作岗位转移至国外或生产危险产品等，如果这些行为可以提高盈利能力，那么这家公司是否应该这样做呢？如果这些法律层面的担忧会导致公司放弃增加股东价值这一唯一目标，那么企业的新目标或一系列新目标应该是什么？由谁来确定这些目标，这些目标的主次如何划分，如何监控目标的实现情况，以及应该如何实现这些目标？

要对各个企业每天要做出的无数决策及这些决策的前因后果进行管理十分困难，这让股价成了唯一的衡量标准。然而，企业大力支持社会公益经常也只是做做表面文章，而且"企业社会责任"相关项目的预算相当少。例如，2018年，所有世界500强企业在社会公益项目上的支出还不到这些企业总利润的1%（仅占这些企业收入的0.06%）。[2] 与这些企业在形象宣传及吹嘘自己能如何改善社会的能力相比，这顶多只能算是九牛一毛而已。然而，公司管理层的绝大多数决策表明，股东价值最大化才是企业关注的焦点。

就此而言，我们可能会想到那种与员工或客户共同拥有的合伙企业，这类企业会专注于利润以外的其他目标。这种模式对小型企业更有效，尤其当运营小型企业的所有者有着共同的目标时更是如此；这些目标包括提高劳动者的劳动报酬，雇用因各种原因无法就业的工人，或者生产小众市场的产品等。然而，与传统企业相比，这些合伙企业相形见绌的原因是：这些企业的目标无法得到大众的普遍认同。尽管听起来似乎有些愤世嫉俗，但现实世界大多数人的行为和企业的行为极为相似：人们可能也会满嘴的仁义道德，但行动上却无不体现着损人利己。大多数消费者都是根据价格和质量购物，似乎很少有人愿意为提高对方的工资而高价购买商品或者自愿购买那些无人问津的产品。尽管沃尔玛在众多百货公司中独占鳌头，亚马逊是美国最大的零售商，但公园坡街区食品合作社（Park Slope Food Coop）仍然是布鲁克林一家备受青睐的当地店铺，之所以如此，就是出自上述理由。

虽然绝大多数公司的确以赚取利润为目标，但企业的利益至上行为会受到法律法规的约束。企业只要遵守社会上已经颁布执行的与环境、安全、劳工标准、消费者知情权及商业活动的各个方面相关的规章制度，就可以不受限制地从事任何可以提高股价的活动。通过敦促、强迫、起诉或游说等方式使企业改变自身行为，在某些情况下可能会奏效，但这些方式所达到的效果远比修改规章制度以迫使企业自主改变的方式差很多。在讨论如何促成企业主动求变之前，需要了解掌控企业的人如何控制企业行为。

企业的管理人员有法律义务或"信托责任"（fiduciary duty）为实现公司的"最大利益"行事。这一原则被称为"商业判断规则"（business judgment rule），也是对企业管理人员行为的一种非强制性标准。如果企业管理人员遭到法律诉讼，法官并不愿意去预判企业管理人员的行为。一般来说，企业管理人员只要拿出一些令人信服的证据，即他们的行为既符合公司的最大利益，也没有违法，就可以按照自己的意愿开展业务。同样，公司的董事会很少会监督管理层，因为大多数董事和首席执行官等企业高管关系密切，主要是因为他们有着相似的职业背景，因而也就能彼此认同，而且董事还会担心如果对管理层指手画脚，可能会导致他们失去使其名利双收的董事会席位。

因此，正是因为商业判断规则的存在、董事与管理层之间的亲密关系，以及股东与公司运营之间的距离，法律并没有对管理层的行为进行明确的限制。那么，由谁或依据什么来指导企业管理呢？答案是：股价。公司管理职位的级别越高，薪酬与公司股价的联系就越紧密。这种联系可以通过股票期权来实现，也就是以此来代替企业管理人员在一段时间内因股价上涨所要获得的报酬，或者也可以通过直接授权官员自行持有或售出股票的方式来实现。[①]因此，企业管理层往往对股价极度专注。首席执行官和其他关键高管的绝大多数薪酬都与股价直接相关。

将薪酬与股价联系起来可以确保管理层与股东的利益一致，显然他们的一致利益并不包括尽可能保障他们的职位、让他们获利丰厚且工作轻松等诸多方面。这些方面无疑必然会加强企业管理层对提高公司股价的关注。而且，在理想状态下，管理层在以提升股价为目标的同时，还应关注企业的长期健康发展。例如，应阻止管理层做出可能提高短期利润但对公司会造成长期损害的决策。不幸的是，我们并非生活在理想世界。

管理层会竭尽所能让企业当前的一切看似有条不紊、一切向好。企业某一季度的盈利能力只是一个数字，每个股市分析人士都可以分析得出这一数字，再将这一数字输入他们的算法，就可以确定某一股票的价格。此外，企业的长期健康发展充满变数，根本无法精准计算，也无法简化为企业审

---

① 规模较大的私营公司通常会对公司上市后的股价进行估算。

计师可以证实的一组特定的可验证数字。企业的未来大都掌握在管理层手中。因此，在现实中，提高股价的目标并不会像理论层面上看起来那么美好。提高股价经常会以企业经理承担极大风险或损害工人利益（管理层可以掩盖真相或全身而退的行为）等方式来增加企业的短期利润，进而再将这种短期效益作为企业宣传的噱头。

普通企业如果承担过度风险，就会岌岌可危。如果金融公司承担过度风险，整个经济可能会濒临崩溃。因此，既然本书的目标是理解经济，我们就需要更加细致地探讨私营企业的这一特定领域——金融行业。

金融行业的作用

诸如商业银行、投资银行、对冲基金公司、风险投资基金公司及其他金融公司等金融机构，与任何其他企业一样，也是由个人股东所有，且会专注于股东价值。然而，与大多数其他企业不同的是，它们的活动对经济会产生巨大的影响。尤其是常被指责加剧或造成经济衰退（如2008年的大衰退）的金融企业。

下文第11章中将探讨美国银行在联邦储备系统印制货币的过程中起了绝无仅有、举足轻重的作用。但是银行在经济中的作用不仅仅是帮助美联储管理货币供应。此外，如果将金融体系看作一个整体，那么其体量要比银行业大很多。

美国商务部下属的经济分析局（BEA）会计算各个行业对美国经济的贡献比例。[3] 迄今为止，对经济贡献占比最大的类别是"金融、保险、房地产、租赁行业"，约4.6万亿美元（约占美国经济的22%）。这只是这个类别在经济中所占的直接份额。同样，该类别对其余78%的经济领域也会产生巨大影响。

经济分析局会将这一类别进一步细分，分析数据显示，仅"金融和保险行业"每年对美国经济的贡献就高达1.8万亿美元。保险公司的业务简单明了：保险公司从大量投保人那里收取保费，再将其集中起来，这样他们就可以向任何遭受保单损失的投保人进行赔偿。事实上，经济分析局的统计数据中对大多数类别的企业业务都解释得相当清楚。但是金融体系中的那些企业具体的业务都是什么呢？

他们最基本、最重要、最传统的角色是将目前不用钱的人手中的资金与目前要用钱却没有钱的人进行匹配，让每个人在这个过程中都能各取所需。提供资金的人（储户/投资者）会因此而获得回报（如利息、股息和资本收益）。那些获得资金的人可以提前做他们想做的任何事情，比如买房、创业或新产品的研发等。其他人也会受益于由这些资金而产生的各类企业、基础设施、教育及其他各类投资。

在美国的经济体系中，有三大主要群体会通过金融部门筹措资金，包括消费者（像你我这样的个人）、企业和政府（联邦政府、州政府及各地方政府）。各个群体都可以通过借贷的方式获得他们想要的资金。"债务"到底又是什么呢？

债务可以而且也的确有许多不同的类型，债务的名称也会随着借款人及借款目的的变化而改变。债务的形式包括学生借款人的贷款票据、向企业偿还信贷额度的合约、房主需要偿还为购房贷款的抵押票据，以及当地政府或美国政府的长期债券（国债），政府有义务向这类债券的所有人支付相应的费用。

最重要的是，无论叫什么，无论以哪种形式，所有债务都是一方欠另一方的钱。而且通常都会附有一份文件，其中会列明偿还这笔债务的详细条款，尤其是借款人偿还债务（"本金"）及其利息的具体方式和时间。无论债务的名称和类型如何变化，都掩盖不了其作为债务的本质。

企业还有另一种从储户/投资者那里获得资金的方式，而消费者和政府却无法通过这种方式获得资金,这种方式就是股权。股权是某一企业全部或部分所有权的代名词,如我们在上一章所讨论的,股权的主要表现形式为股份。只有企业才能通过股权募集资金,谢天谢地,储户/投资者既不能拥有某个人的所有权(因为奴隶制早已废除),也不能拥有政府的一部分(至少截至本文撰写时依然如此)。

因此,需要资金的企业可以选择通过债券或股权等形式筹集资金。极富想象力的金融领域专业人士创造出了各种各样融合债务和股权特征的产品来扩大融资的途径,其中包括的混合方式不胜枚举,如优先股(preferred stock)、可转换债券(convertible bonds)、认股权证(warrants)和附带股权投注的债券等。具体来说,优先股与普通股[①]类似,因为它会给出发行该股票公司的部分所有权;此外优先股也与债券类似,因为它通常使所有者有权获得定期收益(如利息),但所有者并不具备公司的投票权。可转换债券就和普通债券一样,其所有者可获得利息,债券持有人在某些情况下可将债券转换为股权。所有这些金融产品的目的都是把钱从不需要用钱的人手中转移至需要用钱的人手中。这些就是金融公司的传统业务,似乎并没比大多数其他业务更复杂、更深奥。

"金融公司是做什么的?"这个问题很难用几个段落就解答清楚的原因是,近几十年来,各个企业竭尽所能提高收益、扩大利润、提升股价,导致金融公司所承担的风险远远超出了其能力。金融公司不断推出复杂程度超乎想象的金融产品和工具,这些产品和工具甚至与资金转移毫无关系。其中许多产品的目的是让人们将他人的财务业绩、具体的财务指标(如通货膨胀预期或利率)或任何可以下注的事物视为赌博。

---

① 本书中论述的其他所有讨论中涉及的股票均为普通股。按照惯例,"股票"一词如无特殊情况,均为普通股。

例如，你可以利用一种名为"看涨期权"（call option）的产品对 IBM 的股票价格下注，赌它会上涨。你也可以通过叫作"看跌期权"（put option）的产品对苹果的股价下注，赌它即将下跌。你还可以利用"期货合约"（futures contract）对石油价格下注，赌它未来会上涨。此外，你可以用一种叫作"信用违约互换"（credit default swap）的产品为某一特定捆绑抵押贷款是否能够偿还而下注。投资银行家在设计这些"赌博"项目时都极具创造力，还给它们冠以令人印象深刻但又令人望而生畏的名字，比如上一句提到的最后一个产品的名字。即便如此，它们本质上仍然都属于"赌博"，都被称为"证券衍生产品"（或简称"衍生证券"）。具体来说，无论是否会出现下注的情况，这些产品本身的价值都来自其他事物。

如果这听起来像赌博，那是因为事实本就如此。那么，金融公司的这一新角色是如何发展起来的呢？

衍生证券的设计初衷是为了让投资者以对冲的方式来降低投资组合中的风险，或者换句话说，减少他们对特定损失的敞口。例如，投资者如果持有费城（Philadelphia）发行的大量债券，就会担心费城可能无力偿还或不会偿还这些债券，即担心费城会违约。这样的投资者可以通过使用"信用违约互换"来保护自己免受损失，这实际上与保险单的功能极为相似。他们将对费城会违约来下注，向更相信费城不会违约的另一方支付费用（类似于保险费）。

如果费城没有违约，这笔费用将归另一方所有，而投资者也可以获得其所购买的费城债券中的所有资金。如果费城违约，另一方必须赔偿投资者的全部或部分损失（赔偿金额的多少取决于押注金额，与保险公司赔偿损失类似）。这样一来，即便投资者会因为费城违约而赔钱，但由于他们赢得了"赌局"，因此至少可以弥补部分损失。出于这个原因，尽管大多数州政府都明令禁止赌博（政府彩票属于例外，且非常凑巧的是，政府发行的彩票也为各州赚取了大笔资金），但各地的法律对衍生证券却能网开一面。

最初，它只是一种工具——一种和保险运作方式相同，使投资者能够管控风险的工具。如今它已然演变成一个虚拟赌场，而且规模之大，让拉斯维加斯都相形见绌。押注的数量和复杂程度呈指数级增长，而且绝大多数这类衍生证券似乎与投资者保护自己免受特定损失毫无瓜葛。国际清算银行（Bank for International Settlements）估计，2020年衍生证券总额高达607万亿美元。[4] 据该银行估计，仅信用违约互换这一种衍生证券的金额就多达9万亿美元。即便这些估计可能极不靠谱，但这些衍生证券规模之庞大应当引起关注。

对这些衍生证券的创建、营销、运营和监管已经发展成为一项庞大的业务，也成了金融机构利润来源的一种重要渠道。涉及这一行业的机构也招揽了许多受过顶级教育的精英。但问题是：如果说这些衍生证券可以造福社会，又是如何实现的呢？

与绝大多数企业不同，无论是制造商还是服务提供商，这些企业的产品或服务看得见、摸得着。即便你绝对不会购买这类产品，但总有人会去购买，正如我们在第2章中讨论的一样，购买这类产品的人很可能是因为他们认为这些产品物超所值，否则他们也不会去购买这类产品。

然而，在衍生债券的"赌局"中，获胜的一方获得的任何金额都与输掉"赌局"的另一方的损失基本一致。因此，衍生债券似乎更像零和博弈。但是，衍生债券实际上对客户来说并非零和博弈，因为金融机构在设计、实施衍生债券时会抽取一定的费用。因此，衍生债券如何"造福"社会的答案与赌博如何"造福"社会的答案并无二致。在适度的情况下，衍生债券可能会备受欢迎，而且几乎不会造成任何危害。然而，倘若其过度就会对社会造成巨大的危害，且远远超过其娱乐价值。

衍生债券会造成什么危害呢？从这一市场的庞大规模，以及如何吸引美国众多优秀的精英，便可以发现其中的蛛丝马迹。涉及这一行业的人员可能正在酝酿重大问题的解决方案，研发可实用的新产品，或者治病救人，绝对没有人在钻营可能破坏整个经济稳定状态的超复杂"赌局"。但是这种超级复杂的"赌局"恰好就发生在2008年，当时高达数十亿美元的抵押贷款成了不良贷款。诸如雷曼兄弟（Lehman Brothers）等几家主要金融机构因此而破产，削弱了人们对美国金融体系和经济的信心。金融困境蔓延到实体经济，引发了经济大衰退，由此造成的损害远超这些衍生债券可能带来的利益。

衍生债券市场是经济不平等造成经济偏离正轨、增加经济波动幅度的又一例证。如果财富和收入分配得更均匀，许多持有巨额资本的人用于从事"赌博式"活动的资源就会被调配到其他方面——很可能会是造成伤害更少和产出利益更大的领域。

我们还会发现相关领域也存在类似的畸形现象。截至本文撰稿时，资金正在涌入替代货币，这可是金融机构（广义上界定的"金融机构"）的最新发明之一。对替代货币的投机行为，与大多数投机行为并无差别，也与赌博极其相似。一项资产的价格之所以能被抬高，无论是比特币、非同质化代币还是模因股票，仅仅是因为人们预判现金充裕的投资者会继续抬高价格。（第10章会详细介绍"投机泡沫"。）资产投资与传统意义上的商业投资截然不同，传统的商业投资通过提供可以生产更多商品和服务所需的资金来创造真正的价值，扩大经济规模，进而为投资者带来回报。

人们倘若想赌博，完全可以去拉斯维加斯赌个痛快，而不是涉足上述这些可能会扰乱整个经济体系、价值数万亿美元的活动。就像为博彩业制定的规则一样，我们必须限制规模、覆盖面和不断扩大的衍生债券市场造成的影响，以及以万亿美元为单位的任何形式的投机行为。否则，很可能会像2008年那样，出现经济脱离正轨的情况。经济好比火车，应该竭尽全力保持其在正确的轨道上行驶，不至于在脱轨后为使经济重回正轨而付出更大的代价。

改变公司行为

上文已经对公司里（尤其是金融公司里）喜欢发号施令的决策者的动机进行了分析。如果我们对决策的结果不满意，又该怎么办呢？

影响公司行为

虽然企业并非普通人，但企业管理者也非常在乎企业的形象，因为在许多情况下，形象或品牌是最有价值的资产之一。企业由人管理，因此对公众的批评和排斥就会非常敏感，包括有针对性的抗议或抵制，企业内部人员也都能感受得到。大规模抗议或抵制可能会成为企业公关部门的噩梦，而且还会造成企业业务和股价受到负面影响。大规模抗议或抵制行为始终都能奏效，因此，化妆品动物实验在减少，转基因食品的种类也在不断缩减，有害杀虫剂的用量也在不断下降。

也许有人会认为，受到公司行为困扰的消费者都能组织起来发起抗议或抵制，要让公司的股东组织起来岂不更容易。既然股东拥有自己的公司，而且许多股东实际上并不希望自己的企业出现污染地下水源、出口就业机会等行为，那为什么从未出现股东揭竿而起的案例呢？因为要将股东组织起来其实很难。

如前文所述，上市公司可能有数十万股东，但上市公司并没有股东名单，因此无法知道这些股东具体是谁。事实上，大多数人是以"行号代名"的方式持有上市公司的股票，也就是说经纪人的名字或其他机构的名字会被列为股票的所有人。这些名义上的所有人持有或掌控着实际所有人的股票。将经纪人或其他机构列为股票所有人，是因为这样会使股票的转售更易于操作。因为经纪人可以在不需要实际所有人参与的情况下就完成股票转让的文书工作。这种形式可能会提高效率，却掩盖了谁是公司股票的实际所有人，就连公司也无从知晓这个实际所有人具体是谁。（如果你用经纪账户持有股票，持有股票的姓名几乎都是行号代名。公司并不知道你持有它们的股份。）

此外，共同基金、退休基金和其他机构持有近80%的所有股票份额，[5]而这些股份的真正受益人同样也扑朔迷离。此外，许多（如果不是大多数的话）股东持有多家公司的股票，因此他们在任何一家公司的利益占比通常相对较小。

法律确实明文规定股东可以直接影响公司行为的机制。首先，所有股东均有权投票选举新董事。此外，上市公司的股东，如果持有不低于价值2000美元的该公司股票，且时间不少于三年者；或者持有价值1.5万美元的该公司股票，持有时间不少于两年者；或者持有价值2.5万美元的该公司股票，持有时间不少于一年者，均有权在公司发送给股东的年度邮件中附上一份提案。[6] [以行号代名持有股票的个人，公司会将年度邮件寄送至股票的注册持有人（如经纪人），再由注册持有人将其转发给实际所有人。] 这封年度邮件被称为"委托投票声明书"，其中会就当年的董事选举及其他各种事项的投票，包括股东提案等内容征求每个股东的意见。

然而，股东提案的规则非常复杂，通常情况下公司有权拒绝将提案包含在委托书中，这也就意味着很多股东可能对提案一无所知。即使委托书将提案包含在其中，即便股东的提案得以通过，结果也不具任何约束力，除非提案能够对公司章程（即公司的管理文件）进行具体修改。2018年，美国500强上市公司 [依照标准普尔500指数（the S&P 500）] 中，每家企业只有不到一个类似的提案，而且绝大多数这类提案都会被否决。[7] 股东提案失败率同样很高，因为持有绝大多数股票的机构通常只会关注这些公司的财务收益。

股东提案确实有可能影响公司行为。但是，由于很难让股东参加投票并争取大多数股东投票支持他们,除非改变管理股东提案的规章制度,优化股东提案的过程,否则股东提案的影响力依然极其有限。2020年年末,相关规则的变化使股东提交提案变得更加困难,简化股东提案流程似乎不太可能,由此也引出了一个更大的问题:改变企业行为的整体规章制度。

修改规章制度

我认为,公司行为的关键之处与上文中提到的对美国经济体系存在的问题的观点完全一致。管理公司行为的规章制度就和管理经济的法律条文一样,都是政治进程的结果,因此,若要改变这些规则,也要经历这一过程。鉴于企业对政治过程的巨大影响,这一过程的客观性和公正性就会成为最大的问题。

由于美国最高法院在2010年对"公民联合会诉联邦选举委员会"(*Citizens United v. Federal Election Commission*)一案的裁决,企业对政治的影响力在过去几年中急剧飙升。该案裁定,美国宪法第一修正案(the First Amendment)对言论自由的保护也适用于企业。具体来说,该裁决表示,企业资助竞选的资金再无任何限制,鼓励企业通过资助竞选击败公职岗位的个人候选人。美国最高法院指出,如果个人拥有言论自由而且可以随心所欲地干预选举,那么个人组织也应该具备同等权利。

从表面上看,这听起来似乎合情合理,但只要略微深究一番,一个巨大的问题就会浮出水面。一个人在说话时,可以控制自己说话的内容。由许多个人组成的组织在发言时,例如一个拥有数十万股东的公司,绝大多数个人对所说的话没有丝毫控制权,甚至可能完全不知所云。公司针对各种问题立场的决策者即首席执行官,可以在股东不同意或不知情的情况下,利用原本属于股东的资源来为自己发声。

这起案件无疑从本质上把游说者可以影响获选官员这一过程,变成了游说者几乎可以完全掌控获选官员的过程。如果有官员不支持公司游说者的观点，企业可以不惜一切代价让另一名愿意支持这一观点的官员取而代之。

如果说公民联合会只是支持企业进而改变了权力平衡，可能有些不痛不痒。加州大学伯克利分校教授罗伯特·赖希（Robert Reich）曾在克林顿（Clinton）执政期间担任美国劳工部长，他记录了企业在政治过程中的投资回报比在其他任何领域（包括自己的企业）的投资回报高出许多的整个过程。企业愿意在政治进程上耗资数百万美元，是希望能通过更宽松的法律法规、更多的税收减免和直接补贴获得数倍于此的利益。

如果一家企业的行为对该企业之外的世界没有任何影响，这笔支出也就不会产生任何问题了。这种情况下，企业只能说服（在后公民联合会时代则变成了"强迫"）官员制定有利于企业及其股东利益的政策，而不会对他人产生任何影响。这种情况只可能出现在某些理论模型中，与现实情况相差甚远。

实际上，商业世界中的任何行为都会有意无意地影响他人。其中有些影响极为明显，比如公司未能安装环保设备而造成污染，地方政府为负担企业补贴而削减社区服务，政府向大企业提供特殊税收优惠政策导致小企业纷纷倒闭，以及企业决定用机器或其他更廉价的员工代替现有员工而造成的工作岗位流失等。经济学家将这些强加于他人的成本称为"负外部性"（negative externalities）。企业的活动造成企业"外部"的他人成本增加时，就会出现这种情况。因此，企业会缺乏削减此类行为的动机。

许多诸如污染这类的负外部性很容易判定，但还有许多负外部性极为微妙、难以量化。为吸引用户，脸书公司通过算法不断为用户推送越来越多政治冲突和全球情况的链接，从而使美国民众愈发愤怒，两极分化的情况越来越严重。亚马逊公司高效的配送模式使当地零售商纷纷破产，当地社区也因此受到各种严重影响：经济日渐萧条、街道上人烟稀少、店面门可罗雀、人身安全缺乏保障等。拼车软件使搭乘私家车出行比乘坐公共交通工具更方便快捷，因此，交通流量就会增加，公共交通就会遭到重创。许多公司每天都在对环境造成不计其数的污染，即便有些污染微乎其微，但随着时间的推移，人类对气候的影响累积到一定程度就可能演变成灾难。企业造成的直接和明显的伤害虽然是不好的，但至少我们有可能发现并及时解决这些问题。企业对环境等方面造成的间接、微小的伤害往往很容易被忽视，即使能够发现这些间接和微小的伤害，要找到其中的原因和解决方法也并非易事。

减轻这类间接、微小的企业行为造成他人成本增加的伤害的唯一方法是通过政府行动解决问题。其中，最行之有效的一种方法就是让企业"内化"自身对他人造成伤害的成本。具体地说，经济学家可以帮助政府估算出某些企业行为造成损害的金额，然后再对企业征收相应金额的税款或费用。如果费用很高，这类企业就会减少相应的行为。如果这类企业类似行为减少得不够充分，就可以进一步提升这类税费，直到其充分缩减这些行为为止。

如果这些企业行为对企业极为重要，这类企业将会愿意支付这笔费用，但企业行为却仍将继续存在。在这种情况下，这些企业行为造成的伤害，至少让社会获得了一定的补偿，而且企业后续在做决策时会将这种伤害纳入考量范围。例如，政府可以要求汽车制造商缴纳相关费用，为其生产的汽车污染排放量以及这种污染造成社会成本增加买单。这种浮动费率的纳税模式务必会减少污染最严重的汽车的销售。销售这类汽车而缴纳的这笔费用足以让政府用于推广公共交通和其他更环保的交通方式，以此减少车辆对环境造成的伤害。

然而，这类由企业造成伤害的所有补救措施只能由公职人员实施，而公职人员正是偏袒资金实力雄厚的大型企业的人，这些企业曾为他们的竞选活动和职业生涯提供了大笔资助和支持。若要通过推翻公民联合会和限制现金流动的方式来减少这种影响，则需要 3/4 以上的州政府一致同意修改美国宪法，而在当前的政治环境中要修改宪法几乎不可能。要让最高法院重审"公民联合会诉联邦选举委员会一案"，并推翻此前的裁决同样也只能是天方夜谭，因为该案早在 10 年前就已做出裁决，一经裁决便永久有效。因此，在可以预见的未来，只有专注于自己作为公民在政治过程中的作用，情况才可能有所改变。

有人认为公民是需要服务的客户，比如特朗普总统的女婿贾里德·库什纳（Jared Kushner），他认为政府应该"为我们的客户取得成功提供高效服务"[8]；也有人认为公民是被抚养者，比如库什纳的岳父特朗普总统，特朗普在谈论剥夺某些美国人的公民身份时就曾这么说过。我们既不是政府的客户，也不是政府的被抚养人，我们是政府的老板。如果当选官员为了帮助资助他们获选的企业获得利益而对民众的共同利益熟视无睹，问题的关键不是要求这些官员拒绝那些资助，而是要以投票的方式把他们赶下台。

要激发人们对影响自身生活的问题产生更大的兴趣，能从喋喋不休、花言巧语的政策讨论中辨别出真正的好政策，推选那些支持这些政策的政治家，并非易事。不过，除此以外，根本没有其他切实可行的方法来改变美国的现状。我希望本书能在这一过程中发挥些许作用。

不计其数的运动成功激起了民众的热情，却没有产生任何实际意义，这表明要影响公共政策极其困难。在许多情况下，有些运动的确取得了象征性的胜利，但有些人却将这种象征性的胜利误认为是真正的变革。他们误以为战斗已经取得了真正的胜利，从而转移了其进一步行动的注意力。美国商业组织之一商业圆桌会议（Business Roundtable）于 2019 年发布了一个由美国 200 多名大型企业的首席执行官联合签署的《公司宗旨声明》（Statement of the Purpose of a Corporation），这就是典型的例证。在美国日益扩大的收入差距的重压之下，与会的首席执行官宣称："公司不仅应该为股东服务，还应该为客户创造价值，向员工投资，与供应商进行公平的交易，并支持公司所处的社区。"[9]这份声明极好，但仍然只是在重蹈覆辙。这份美好的声明同样没有阐明其能够让现实世界出现变化的方式和实施时间。

另一例证是占领华尔街运动，这项运动成功引起人们对日益加剧的经济差距的广泛共识。只要提到"1%"或"99%"（即美国1%的人口拥有99%的财富），美国人就能立刻明白其中的内涵，这在很大程度上要归功于占领华尔街运动。然而，那些占领主要城市公园的抗议者并未能实现真正意义上的占领，或者说也没能真正出现在实际制定政策的地方——立法机构和政府官僚机构。不管美国人有多笃信政府的好政策，或者对这些政策抱有多大的希望，但只是一味相信好政策，或者只是对好政策高谈阔论，并不一定会改变什么。自从2011年占领华尔街运动出现以来，1%的人同其他人之间的差距扩大的速度反而更快了，这就足以说明这一点。

此外，紧随2008年金融危机之后呼吁降低税收和缩减政府开支的"茶叶党运动"（Tea Party movement）可能走入了经济学的误区（本书的第四部分对经济周期的论述会有更多这方面的内容），但在政治上却无比正确。在2010年中期选举中，《纽约时报》确定了138名获得茶叶党大力支持的国会候选人，其中约1/3的人成功当选。[10]他们之所以能入选国会，原因之一就是政府对大衰退的应对措施没有大多数经济学家认为的那样迅速起作用，从而造成经济复苏缓慢。

如何组织协调民众超出了本书的探讨范围。即便如此，我仍希望本书能对促成变革中最困难的部分有所帮助，即发现现实世界中切实可行的观点，整理支持这些观点的核心论点，激励更多人支持这些观点，以及那些致力于将其落到实处的政治家。想法越好，论点越清晰，动员起来也就越容易。正如本书序言所说："民主并不是一项用来观赏的体育运动。"

莎士比亚在不同的语境中居然也曾说过与此类似但更巧妙的语句，他说："亲爱的布鲁图斯（Brutus），人们可以支配自己的命运，若受制于人，错不在命运，而在我们自己。"

在论及美国民主权利和政府在经济中的作用之前，需要讨论赢家通吃趋势对经济构成的一种全新的特殊威胁。我们任由大型公司摆布的情况日益加剧，因为它们可以掌控市场、支配价格、设定就业条件。下一章将讨论这一现象及应对措施。

第9章 企业并购与减少竞争：受少数企业主宰的行业日益增多的原因

> 垄断企业令人毛骨悚然——但若你拥有一家垄断企业，就会不以为意。
>
> ——鲁珀特·默多克（Rupert Murdoch），
> 亿万富商及媒体大亨

成本优势和网络效应

如我在第2章中所述，技术革命即便没有消除规模化生产的成本，也已经极大地降低了这一成本，同时也为大型生产商创造出前所未有的优势。与这些大型企业竞争就会变得越发困难，从而造成越来越多的行业由一家公司（"垄断"）或一小部分公司（"寡头垄断"）主导。这种现象使得亚马逊能够以史无前例的规模开展零售业务，优步（Uber）的交通服务几乎无处不在，奈飞可以随时随地放送各种各样的娱乐视频。

巨型企业的优势日益增多，甚至可以横跨大多数行业。一项调查研究发现，1996年至2016年间，超过3/4美国行业出现了集中度上涨的趋势，行业集中度上升幅度最大的企业"利润更高、股票超额收益更大，在交易（并购）中也更有利可图，这表明市场支配力正在成为重要的价值来源之一"。[1] 巴克莱银行（Barclays）的一项研究指出，自2000年以来，美国的行业集中度增加了60%以上。[2]

大型企业几乎在某个方面都一直具有显著优势。在过去的几十年里，诸如亚马逊、优步、奈飞等许多大型企业的竞争力变得几乎无人能敌，因为这些企业可以利用遍布全球的互联网获得大量客户、分摊自身的固定成本。在购置经营企业所需的商品和服务时，因其庞大的规模所产生的竞争优势会让这些企业拥有谈判并压低价格的筹码，同样，在人力资源方面也就更具话语权——也就是说，它们可以获得更大规模的经济效益。

许多这类新型庞大企业的优势不仅体现在成本优势方面，在一种被称作"网络效应"（network effect）的现象中同样有所体现。客户在烘焙店买面包时，不会在意在这家店里消费的顾客有多少，他们主要关心的是面包的品质和价格。但是，在选择社交网站或购买软件时，用户却会非常关注该网站或软件的用户数量，因为其他客户的选择会影响到这些用户的自身利益。这是怎么回事呢？

比如脸书这样一家拥有近30亿用户的社交网络，我们可能会通过它结交更多朋友，联络更多的家人和熟人，而其他用户数量少得多的网站则只能对此望洋兴叹；即便这些网站的设计更优秀、使用起来更加简单便捷也概莫能外——因为用户的关注点并不在此，而在于方便与他人的联络。脸书庞大的用户群体足以方便用户与他人联络。

同理，如果使用过的每台电脑都安装微软公司的软件，那么你在购买新电脑时，必然会倾向于购买安装微软的软件。这并不是因为微软的软件完美无缺，而是因为适应新软件需要耗费人们一定的时间和精力，或者因为在工作中使用不同的软件可能会无法传输文件，又或者是因为大多数（或者几乎可以说所有）文件都需要用微软软件才能浏览。一旦出现网络效应，就会有越来越多的人会选择同一种商品或服务，客户便会因此获益，其他潜在客户选择这一商品或服务的可能性也就更大。

技术和网络效应减少竞争的同时，也会使少数大型企业能够掌控的经济领域日益增多。这种现象有什么问题呢？某一行业内竞争激烈时，该行业中的各个公司都会感受到压力，也会极力避免业务流失，采取保持低价、开发创新产品、提供高品质的客户服务等措施。企业面临的竞争越少，它们所感受到的上述压力也就越小。例如，许多这类占主导地位的企业为了让客户了解它们所提供的"客户服务"，在与客户达成交易之前，会极力劝导客户明确接受多达数页、字号极小的"服务条款"。

规模更大、更能主导整个行业的公司在与员工打交道时更具话语权。这些企业更有经济实力和实施节省劳动力的相关技术，在获得减税、规避监管及政府的其他优惠政策方面也会受到政客的青睐。所有这些对消费者、供应商、员工和政府的影响力也会让这些公司为其所有者攫取更多的经济利益——进一步推动劳动收入向资本收入的转换。正如风投"大佬"彼得·泰尔（Peter Thiel）所说："竞争只是为失败者准备的。"

促进竞争

如何才能促进竞争、防止商业势力过于集中呢？首先就是要认识到政府制定的许多法律、政策是造成垄断和提升行业集中度的罪魁祸首。

其中甚至不乏为防止竞争，有意或明确支持垄断的法律条文。例如，政府授予药品等产品的专利，会造成专利所有者有权垄断该专利产品的销售。政府会对计算机软件等知识产权授予版权，这也会造成版权所有者垄断该产品可供他人使用或共享的授权许可。这类垄断的正当理由是：如果开发者无法获得在一定时间段内独家销售新开发产品的特权，新发明或新产品的数量将会锐减。因为这是确保他们耗费大量时间、金钱从事发明和创造新事物而获得回报的唯一方法。

不过，对于某些新产品，尤其是极为重要的新研发药品，对定价的相关限制似乎合乎情理。专利应该鼓励企业开发新药，允许企业对药物的定价能够让企业收回其投入的巨额开发成本，同时又可以赚取可观的利润。

但对这些专利的定价不应让药企利用人们的医疗需求肆意赚取巨额利润。

与有意通过垄断鼓励创新的法律不同,许多造成竞争环境失衡,明显偏向于规模更大、经济实力更雄厚企业的法律几乎没有正当理由。应对极度复杂的法规、过多的执照要求及错综复杂的税法都是大型企业法律部门经常处理的问题,那么法律部门规模较小或大多数没有法律部门的小型企业与大型企业相比明显处于劣势。

此外,在美国的法律体系中,诉讼费用十分高昂,这不仅使财大气粗的大型企业有能力在诉讼中击败任何竞争对手,还能为其扫清阻碍其发展的各种障碍。一般来说,按照"美国惯例",诉讼双方各自承担律师费用。因此,对具有专职律师的大型企业而言,诉讼是一种对付小型竞争对手极为实用的策略。这些小型企业需要花高价从律师事务所聘请律师为其辩护。即便法院驳回对被告的诉讼请求或被告最终胜诉,小型企业仍然需要承担证明自己没有过错的相关法律费用。我曾经无意中听到一位任职于某大型企业(该公司极其擅长利用诉讼对付竞争对手)的律师被问及他们工作是否有压力的回答:"我没有压力,都是我给别人施压。"

许多民意代表只会吹嘘小企业的优点,而且经常将这些小企业亲切地称为"衣食父母",显然,这也是表面文章罢了。此外,美国联邦政府的小企业管理局(Small Business Administration)可"提供企业咨询、资金扶持和专业合同编撰等服务,已成为美国小企业唯一的首选资源和发声渠道"。[3] 大多数地方政府都有一个类似的旨在帮助小企业的职能部门。然而,大多数情况下并非刻意偏向于大型企业的诸多法律法规仍然存在,而且随着时间的推移,这些法律法规的数量和复杂程度似乎有增无减。

日益增长的规模经济和网络效应对激烈竞争构成了前所未有的严重威胁。这些势力极为强大,所以撤销有利于大企业的政府政策并不能彻底解决垄断问题,只能缓解这一问题。政府曾试图通过三大举措来束缚有意主导或垄断某一行业的企业。

第一种方法是拆分那些变得过于强大的企业，或者采用先发制人的策略，提前阻止公司通过并购等方式日益壮大起来。因此，早在100多年前就出现了反垄断法，政府可以通过相应的法律限制企业并购。在20世纪80年代就有了利用这一法律限制企业并购的典型案例，当时美国政府拆分了垄断美国电话市场的贝尔电话公司（Bell Telephone Company）。上文中分析的两种现象正是造成贝尔电话公司成为垄断企业的原因。其一，该公司属于大型规模经济实体，因为该公司能够将电话网络的固定成本分摊给数百万用户，吸引新用户的成本也就非常低。其二，在美国，几乎人人都是该公司的用户，因此几乎不可能再组建一个可与其匹敌的电话网络公司，即便可能也极其困难。与如今的无线通信网络运营商不同，彼时的贝尔电话公司的用户无法与该公司通信网络之外的人通话。

政府将该公司拆分成几家规模较小的区域电话公司，这些公司被称为"小贝尔公司"。自那时起，这些小型电话公司又开启了并购之旅，最终形成了美国电话电报公司（AT&T）和威瑞森通信（Verizon），这两家公司现已成长为掌控着近70%的美国无线电话市场的通信巨头。这两家公司的市场支配力是否比掌控100%市场的贝尔电话公司略逊一筹呢？有可能，虽然美国电话电报公司和威瑞森通信并不存在强烈的竞争意愿，但是美国政府不太可能会让一家公司在通信市场上独领风骚。

规模经济和网络效应对许多新兴及关键行业尤为重要，例如提供宽带接入、社交网络、互联网搜索服务及次日送达的家庭购物等行业。即便这些企业只是被简单地拆分，那些行业中独树一帜的大型企业的规模经济和网络效应并不会因此而分崩离析。与通信行业一样，即便这类企业被拆分，凭借优势仍然可能导致再次出现少数行业巨头。

为了保持这类行业的企业数量、竞争规模相对稳定，政府需要防范企业相互整合的趋势。另一方面，这也就说明需要放弃部分规模经济和网络效应为消费者带来的利益。例如，贝尔电话公司被拆分后，本地通话服务的费用与之前相比更高，因为此前该公司利用其长途电话的丰厚利润来补贴本地通话服务，从而降低了本地通话的费用。然而，如果贝尔电话公司始终占据行业的垄断地位，如今美国民众也就不太可能享受到基本免费的长途电话和无数其他通信创新产品。

政府实施的第二种方法就是持有或掌控相关企业。纽约市正是利用这种方法在1940年购入当时正在运营的两条私营地铁线路——布鲁克林·曼哈顿交通公司（BMT）和跨区捷运公司（IRT）。这也是政府会掌管某些企业运营的原因，例如美国邮政总局（U.S. Postal Service）和美国国家铁路客运公司（Amtrak）。在邮件递送、铁路服务和其他需要大量资本投入才能运营的行业中，庞大的规模的确会产生关键优势。其他国家更愿意掌控需要大量资本投资的美国企业，如航空公司和能源公司。政府控制的公司与那些毫无竞争压力的私人垄断企业极为相似——这些企业往往效率一般，创新能力一般，也并非完全以消费者为导向。人们只需搭乘一趟美国国家铁路客运公司的列车，就足以深入了解政府控制的企业存在的诸多问题。

第三种方法是规范企业的运营方式及限制企业收费。这是政府管理大多数电力和天然气等企业时采取的方法，例如纽约市的电力供应商爱迪生联合电气公司（Consolidated Edison）。这种监管可以约束这些占主导地位的企业向消费者收取过高的费用、压榨员工。然而，在激励公司更好地为客户服务，研发出既富有想象力又能造福客户的新产品等方面，监管措施的作用则更为有限。

如前所述，主宰某个行业的重量级企业能够为投资者攫取更多的经济利益，减少劳动力成本。有些经济问题的解答相对容易。但这一问题却并非如此。我之所以把拆分公司、私营企业公有化及加强监管称为解决这一问题的三种"方法"而非"解决方案",事出有因。

各个行业千差万别,因此各个行业势力集中的原因也不尽相同。这些原因包括:规模经济(如电力公司案例所述),网络效应(如上述脸书公司案例),极端竞争手段[如20世纪初洛克菲勒(Rockefeller)对炼油行业近乎垄断的行为],或者这三种原因任意组合而成的综合原因。某个企业一旦获得这种市场支配力,由此而产生的影响既可能是积极的(例如要访问庞大的就业市场数据库时),也可能极具破坏力(例如某一公司操纵观众所看到的所有新闻时)。对这种市场支配力集中的任何应对措施都必须考虑行业、企业间的诸多差异。这需要权衡大型企业带来的利弊,例如,规模经济或更强大的用户网络带给用户更加亲民的价格,与此同时,大型企业为降低自身成本也会出现利用自身权力和影响压榨员工和整个社会的行为。

这种"成本效益分析"(cost-benefit analysis)之所以饱受经济学家的青睐,自然有其道理。成本效益分析权衡每种方案的优势(收益)及弱势(成本),这些方案包括让大型组织主导市场、拆分、接管、监管这类企业。最终实施的方案就是成本最低、收益最高的方案。无论统计这些成本及收益有多困难,再将其换算成美元有多烦琐,以及厘清投资人与受益人有多复杂,成本效益分析的诀窍就是要涵盖所有的成本和收益。在市场支配力较为集中的企业成本方面,这种成本效益分析的方法往往很难奏效,因为市场支配力较为集中的情况下可能出现失败的创新或发明、产品类型缺乏多样性、潜在竞争对手绝望,以及从宏观角度而言,低迷且缺乏竞争力的经济环境。

规模更大、更具主导地位的企业中,权力、财富和影响力不断增加的趋势并不会自行停止。这就如同气候变化一样,总会在不知不觉中不断恶化。同样,也和气候变化一样,人们总会忽视其所带来的危险。

111

采取集体行动，敢于正视这些重大经济问题，而不是对这些问题视而不见，这是美国在经济衰退中吸取的教训。自20世纪30年代的经济大萧条以来，人们希望政府能倾囊相助，帮助经济摆脱衰退，从而缓解经济周期的波动。政府采用哪些措施盘活经济就是本书下一部分的主题。

第四部分

经济周期

第 10 章　繁荣与萧条："涨"与"跌"的底层逻辑

> 倘若邻居失业了，就是出现经济衰退了。如果你也失业了，那必然就是经济萧条造成的。要是吉米·卡特（Jimmy Carter）丢了饭碗，则说明经济正在复苏。
>
> ——罗纳德·里根（Ronald Reagan）
> 1980 年总统竞选演讲

经济衰退

新冠疫情造成的经济衰退及 2008 年的经济大衰退是美国经济近年来遭受的两次衰退。除此以外，自 20 世纪 30 年代初的经济大萧条以来，至少还出现过 12 次经济衰退。经济衰退到底是什么？为什么总是出现经济衰退呢？

一般来说，产出（即国内生产总值）出现连续两个季度下降的现象就可以称为"经济衰退"。也就是说，如果产出从上季度开始下降，而且这种现象在下一季度再次出现，则通常将其视为经济陷入衰退的表现。而"萧条"与"衰退"一词不同，并没有普遍认可的定义，但"萧条"一般指极其严重的经济衰退。严重程度如何界定呢？在过去的几百年里，只有发生在 20 世纪 30 年代的"经济大萧条"才是广为人知的经济萧条现象。由于 2008 年出现的经济衰退比大多数衰退要严重得多，但又并没有严重到经济萧条的程度，因此通常就被称为"经济大衰退"。

大多数人并不关注国内季度生产总值的相关数据，又怎么会知道经济是否出现了衰退呢？正如第4章所述，商品和服务的总产出与总支出相等，也等于总收入。因此，如果产出下降，支出和收入也会随之下降。这意味着会出现失业率升高（由于产出下降，所需要的工作岗位也会减少）、收入下降（因为失业人口增多）、大宗商品价格下跌（因为消费人口及富裕人口纷纷减少，就会造成企业竞争加剧），以及更多企业破产、丧失止赎权或被罚没等现象。

因此，收入下降时会出现什么情况？人们的支出就会减少。支出减少时又会如何呢？收入就会进一步下降。收入进一步下降后又会怎样呢？我想你应该能够明白，此时经济就出现了螺旋式下降。但问题是：这种经济的螺旋式下降是如何开始的呢？

造成经济衰退的原因

需求冲击

经济学术语"严重衰退"差不多等同于心理学上的"严重的情绪低迷"，即"抑郁"，造成经济衰退的原因同产生抑郁情绪的原因也十分相似。[①] 典型的经济萧条（也可以笼统称为"经济衰退"）可以反映整个社会的情绪和发展前景。社会上一旦出现如同瘟疫般的低迷情绪，人们就会减少支出，产出自然会下降，收入也会随之减少。这种社会经济前景的变化就被称为"需求冲击"，因为人们的消费意愿突然下降，需求的商品和服务也会立即减少。

需求冲击是一种涉及大规模人群的心理现象。经济下滑时，工厂并不会倒闭，工人也不会忘记自己的专业技能，经济资源也并不会消失。如果

---

①此处借鉴的心理学术语"抑郁"并非指由于内分泌失衡或心理疾病造成的任何临床症状。

在经济衰退开始之前和开始之后分别测试工厂的工业产能、企业的生产潜力及员工的技能水平，你就会发现这些数据在经济衰退前后并不会出现任何差异。真正改变的其实是人们的观念。虽然经济衰退可能肇始于纯粹的心理现象，但它很快就会影响到现实世界。

为什么人们的观念会突然改变，变得悲观且还会出现减少消费和降低收入的恶性循环呢？经济学家和商人通常认为，股票、房地产或其他价值迅速增长的资产的价格突然暴跌是造成这种悲观情绪的罪魁祸首。这种现象被称为"资产泡沫"，这些资产价格的崩溃称为"泡沫破裂"。如果这些资产涉及许多人，例如1929年的股票或2008年的房地产，泡沫的破裂就会造成需求冲击，紧接着就会出现经济衰退。那么，为什么会出现这些"泡沫"呢？为什么有些资产回报会在飙升后急剧下跌甚至化为乌有呢？

答案仍然与大众心理学相关。在国内生产总值增长的繁荣时期，人们对经济现状及发展极为乐观，就会加大对股票、房地产、企业及其他资产的投资，以期获得丰厚的回报。大多数情况下，回报率特别高的资产往往会备受关注、吸引大量投资者，导致其价格不断飙升，甚至远远超过理性分析、预测的上限。约翰·梅纳德·凯恩斯将这一现象称为"动物精神的结果——一种自发的行为冲动，既非顺其自然的无所作为，也不是量化收益乘以量化概率的加权平均数的结果"。[1]

许多深陷资产泡沫的投资者意识到自己太过愚蠢，居然会购买价格不断飙升的资产，而且甚至还要为此承担借贷。即便如此，他们仍认为一定有比自己更愚蠢的人会从他们手中以更高的价格买走这些投资，这就是"从众心理"（herd mentality）在作祟。在关于其他投资者如何致富的轶事的不断鼓吹之下，以及生怕错过一夜暴富的机会的心理必然导致很多人做出愚蠢的决策，经济学家将这种现象称为"博傻理论"（greater fool theory）。这一理论会贯穿整个投资过程，直到再也没有傻瓜出现为止；泡沫最终破裂时，那位被称为"最愚蠢的傻瓜"的投资者就会被资产投资套牢。

下面将以2008年经济大衰退为例,对这一现象进行详细的剖析。21世纪初,经济强劲增长时,放贷机构对房地产市场过于乐观,对抵押贷款的资格审批变得异常宽松。许多放贷机构甚至开始向信用存疑(其实就是不良信用)的个体发放抵押贷款,帮助他们购买其自身根本就负担不起的房产。大批抵押贷款导致购房需求激增,房价飞涨。更多投资者因此纷纷涌入房地产市场,他们开始以获得盈利为目的购买房屋,并速买速卖(即快速转售)或租给租户(收取投资者认为将会不断增长的租金)。随着房价的持续上涨,贷款机构进一步降低了放贷标准,一些贷款机构甚至提供业内人士所说的"忍者贷款"(NINJA loan),即向没有收入、没有工作、没有资产的人提供贷款。

这场购房狂潮的始作俑者、为推动房价飙涨提供资金支持的贷款机构的初衷是什么呢?许多人认为,这些机构可以通过把贷款转让给其他投资者快速赚取利润,因此他们无须担心贷款是否能够偿还的问题。大多数情况下,的确如此。然而,无论这些贷款的所有权转手多少次,每笔贷款都会有一个愿意为其出资的最终买家。那么,这些终端买家又是怎么想的呢?

这些贷款的最终购买者实际上在考虑如何避免陷入这场投机狂潮,他们的判断无比准确,只可能会出现以下两种情况中的一种:借款人会偿还抵押贷款或无法偿还贷款。如果借款人能偿还贷款,贷款的最终买家赚到的钱将会比对信誉良好的借款人借贷赚到的钱更多,因为风险越高的贷款利率也会越高。如果借款人无法还清贷款,他们就可以轻而易举地收回房产(也就是取消借款人抵押品赎回权),再将其投入价格不断上涨的房地产市场,售出后便可获取不菲的利润。他们认为无论发生哪种情况,都是稳赚不赔的买卖。没错,即使是手握名校学历、履历丰富并且拥有巨额收入的老练投资高手,也可能成为这种风靡一时的盲目乐观主义的牺牲品,彼时他们早已将众所周知的常识抛之脑后,即任何大型资产的价格都不可能只涨不跌。听起来确实是这样,但为什么是这样呢?

在大衰退的前10年内(1996年至2006年),美国房价累计上涨了大约93%。[2] 然而,同时期的收入中位数累计增长了约36%。[3] 住房成本在每个家庭总预算中所占份额越来越大,这一情况将会导致能买得起房产的美国人越来越少。[①] 这种现象必然会在某个时间点戛然而止。而这个时间点正是2007年,当时房价上涨放缓,并在2007年下半年开始由涨转跌。

但依然有一个问题令人费解:为什么泡沫会突然破裂,而不是慢慢收缩,回归到更加可持续的增长水平,从而减少对需求的过度"冲击"?同样,这一问题的答案仍然与人性息息相关。

21世纪中期,涌入房地产市场的每位投资者都期望获得丰厚的回报,而且多年来这种期望的确也都得以实现。然而,到2007年,不断走高的房价飙升到普通百姓望尘莫及的高度,上涨速度开始放缓,投资者开始转向其他领域。此外,许多房产投资者开始把自己的房子投入售房市场,都想在房产市场似乎达到顶峰的时候卖房兑现,或者简单来讲,他们想从已经风光不再的房产市场中全身而退。买家数量减少,加之卖家数量的不断增加,造成房价上涨进一步放缓。相反,此时更多的房地产投资者希望抛售房产、锁定利润(或避免后续损失更多利润)。一旦投资者看到房产的价格开始出现螺旋式下跌,人们就会纷纷寻求出路,退市浪潮就会充斥整个房地产市场,房产泡沫就会破裂。自2007年房价不再增长之后的两年内,平均每年下降超过了6%。[4]

大量使用"杠杆"(债务的另一同义词)购买住房加速了房地产市场

---

① 特定区域(如曼哈顿或旧金山)的房价可能比整体经济的增速更快,因为购置这些房产的目标群体相对较小,而且这部分小众群体的收入增长快于整体经济增长。

的崩溃。为什么呢？因为如果我斥资50万美元购置的一套房产的价值暴跌到35万美元，那套住房仍然还具有35万美元的价值。倘若我选择继续持有这套房产，那么这套房产此后从波谷升值的每一美元都仍然是我的资产；但如果我选择卖出这套房产，就会直接损失15万美元。

换句话说，如果我用自己的10万美元再加上40万美元的抵押贷款购置这套房产，那么我对该房产的投入（即购置房产时支出的10万美元）就已经化为乌有了。而且即使房产升值，如果升值的额度没有超出5万美元，那么贷款的额度仍然超过房子本身的价值，我也就无法获得一分钱利润。但更重要的是，我还需要每月分期偿还40万美元的抵押贷款，而这套房产此时的市值仅为35万美元。从本质上讲，我可以通过放弃房产增加5万美元的净财富——因为在失去价值35万美元房产的同时，也免除了40万美元的债务。[1]这也就不难理解在经济大衰退之前的若干年内、在房产市场开始走下坡路时，会出现如此之多高风险的抵押贷款。

虽然我们可能发现泡沫破裂现象很容易理解，但泡沫破裂的时间仍然让人捉摸不透。投资者可以利用资产泡沫乘势而入，并在泡沫破裂前卖出资产而赚得盆满钵满。人们通过各种指标来判断经济是否处于衰退边缘，这些指标涵盖从股价下跌到短期债券利率增长并超过长期债券利率，常被称为"反向收益率曲线"（inverted yield curve）。几代大学生都在使用的经济学入门教科书的作者保罗·萨缪尔森（Paul Samuelson）戏谑道："过去发生的5次经济衰退，股市就预测出了9次。"经济学家在预测未来经济走向方面也并没有多少成功的案例，就像心理学家很难预测国民情绪发生

---

[1] 大多数购房抵押贷款都无追索权，这也就意味着贷方可以在借方违约的情况下除可获得房屋所有权外，再无任何其他权益——他们无权获得借方的任何其他资产或收入。但是，贷方可将借方的违约情况上报征信机构，此举可能会造成违约的借方再次申请贷款时受阻。

变化的确切时间一样，其他行业的专家同样也很难精准预测某种现象出现的时间。

也就是说，只有极少数人曾成功地预测了经济衰退发生的精确时间。据说，美国前总统肯尼迪的父亲约瑟夫·肯尼迪（Joseph Kennedy）之所以在1929年股市崩盘之前决定抛售股票，是因为受到一个擦鞋男孩的启示。肯尼迪认为，如果连擦皮鞋的男孩都买卖股票，说明股市价值已经再无增长的空间——因为几乎社会上的每一分钱都已经被投入了股市，股市唯一可能出现的趋势就只有下跌。最近，对冲基金经理迈克尔·伯里（Michael Burry）利用衍生证券（尤其是信用违约互换）押注房价将会暴跌。多年来，伯里一直饱受对冲基金客户的质疑，这些客户经常因按照他的指导押注而赔钱。就像书籍《大空头》（*The Big Short*，后来又被拍成电影）里的主角一样，他费尽周折在房产泡沫破裂之前抛售了自己的房产，最终获得巨额收益。然而，对约瑟夫·肯尼迪和迈克尔·伯里这类人来说是成功而正确的选择，对经济而言却极其糟糕。

供应冲击

偶尔需求冲击以外的其他因素也会引发经济衰退。有形伤害也会导致一个国家的经济衰退，因为这会降低其生产商品和服务的能力。如果大量的民众无法工作或惨遭杀害（例如出现战争或流行病），大部分生产所需的基础设施、原料供应遭到破坏或无法获得（由于自然灾害、恶意攻击等原因），生产就会下降。经济学家将这些直接影响商品和服务供应且可能造成经济衰退的事件统称为"供应冲击"。

在2020年之前，供应冲击造成经济衰退的典型案例是石油输出国组织（OPEC）成员国实施的石油禁运。石油禁运的目标国是美国和其他被认为在1973年赎罪日战争（Yom Kippur War）中支持以色列的国家。几乎所有生产活动都离不开石油（即便是作家的电脑也需要电力驱动），可想而知，石油供应的减少和石油价格的上涨不仅造成了各类产品价格飙涨，而且生产活动也变得举步维艰。毋庸置疑，严重的经济衰退随之而来。

不幸的是，最近又出现了一次由供应冲击引起经济衰退的案例。新冠病毒导致政府关停了整个国家的经济体系，因此许多商品和服务的供应量骤然下降。如果政府对经济领域不采取大范围关停措施，因疫情死亡的人数就会增多，同时还会出现大批员工因恐惧感染新冠病毒而缺勤，因此产出也可能出现急剧下降的情况。无论国家如何应对，新冠疫情必然会干扰经济，导致产出的商品数量降低，消费支出减少，人们赚取的收入也会下降。倘若不出所料，供应冲击也会挫败消费者的信心，一般来说需求冲击就会紧随其后出现。

经济陡然下跌的原因与人出现情绪低迷的原因十分相似。一个人出现心理不适就像一个经济体遭受需求冲击一样。悲观和沮丧的情绪既适用于人，也适用于经济体，而且都能降低人或者经济体的生产能力。罹患严重身体疾病的人，比如断腿或动脉阻塞，就如同遭受供应冲击的经济体一样。对人或经济体造成的直接伤害，同样也会降低生产能力。遭受身体疾病困扰的人也可能会出现情绪低落的情况，就像供应冲击可能会带来需求冲击一样，这就会导致生产能力的恢复变得更加困难。

既然已经论述了经济衰退的原因，我们就可以转向探讨政府为应对经济衰退应该采取什么措施这一问题。在第11章和第12章中，我们将探讨美国联邦储备系统及用于对抗经济衰退的两大利器之一——货币政策。在第13章中，我们将会探讨另一利器——财政政策（政府支出和税收政策）。

第11章　美国联邦储备系统和银行：美联储的作用与货币发行

> 全美人民不了解美国的银行和货币体系是件好事，因为如果民众对此有所了解，相信明早之前美国民众就会闹革命。
>
> ——亨利·福特（Henry Ford）

美国联邦储备系统

美国联邦储备系统，通常简称为"美联储"，也就是美国的中央银行。除了极少数规模较小的国家外，几乎所有国家都有中央银行。虽然这些国家中央银行的名称与美联储不同，如英格兰银行（Bank of England）、澳大利亚储备银行（Reserve Bank of Australia）和瑞士国家银行（Swiss National Bank），但这些中央银行都掌控着各自国家的货币政策——通过控制国家的货币供给量影响利率和经济活动。欧元区国家是一个特例——这些国家共同拥有同一家中央银行，即欧洲中央银行（European Central Bank）。

美联储是美国政府于1913年组建的独立机构。其总部位于华盛顿特区，在美国主要城市设有12家地区储备银行，分别负责监督其管辖范围内的其他银行。负责监管美联储的理事会由7名成员组成，每位理事任期为14年，均由总统任命，再由参议院确认授权。总统须在这7名理事中再选择1人（必须再次征得参议院同意）担任美联储主席，任期为4年。理事会成员通常是金融业和学术界的杰出人士，一旦任命，并不会因其政策观点而被免职。美联储理事会理事的任期之所以如此长，是因为这样有助于他们免受政治压力的干预。美联储的结构在诸多方面都与美国的法院体系极为相似：它们都与政府分离，旨在通过官员超长的任期确保自身的独立性。

美联储有两个主要职责。第一个职责就是充当美国中央银行。包括个人、企业、政府机构等各类公共和私人组织机构（银行除外）都会在银行存款，而银行则需到美联储存款。①就像个人可以在银行存入100美元一样，银行也可以再把这100美元存入自己在美联储的账户。个人在银行的基本账户称为"支票账户"；银行在美联储的账户称为"准备金账户"。

正如个人可以选择持有现金而不将其存入银行一样，银行也可以选择持有储户的钱作为货币，而不将其存入美联储的准备金账户。而实际上，银行会将绝大多数存款存在美联储，而不是放在自己的金库中，原因与人们将大部分资金存入银行而不是放在家中如出一辙——这样更便捷、更安全。银行的"准备金"是指银行在美联储的存款与银行自身持有的相对较少的货币之和。美联储也会监督整个国家的银行系统，并制定确保整个银行体系安全和稳定的相关政策。

美联储的另一职责就是履行其"双重使命"——这在前文中探讨经济衰退时已有所提及。一方面，美联储需负责推进就业率最大化，实质上也就意味着美联储要负责保持经济持续增长；另一方面，美联储需负责稳定物价，美联储将这一职能量化为避免年均通货膨胀率超过2%。

美国成立美联储之前，其经济波动要大得多。例如银行挤兑和金融恐慌——银行倒闭、市场崩溃、经济动荡、大规模裁员等，在美联储成立之

---

① 如果出现中央银行数字货币（如第3章中所述），美联储就可以向个人开放设立账户的权限。

前的美国，人们已经司空见惯。美联储成立前的100年间，美国至少发生了13次不同程度的金融恐慌。虽然美国的经济仍然有起有落，但自美联储成立以来，美国的经济波动总体上并没有那么极端。

然而，美联储的双重任务，即同时促进就业率最大化和稳定物价，存在某些相互矛盾之处。我在本书的第3章中指出，向经济中注入大量货币可以拉动消费。企业则很可能会增加人手、扩大生产规模。如果货币量的增长大于产出的增长，就会出现通货膨胀。此外，如果限制货币增量以防止通货膨胀，可能无法刺激消费、扩大就业率。美联储的目标是找到最佳平衡点，即在刺激经济增长使就业率最大化的同时，又不至于引起通货膨胀。

在探讨增加货币量（金融经济措施）如何对就业以及经济产出（实体经济）产生重大影响之前，我们需要先探讨一下如何发行货币。

货币的发行

著述颇丰的经济学家、担任过数位美国总统经济顾问的约翰·肯尼思·加尔布雷斯（John Kenneth Galbraith）曾说："发行货币的过程如此简单，完全不需要动脑筋。"[1]他对"简单"的界定与我截然不同，我认为大多数人都会认同我的观点。

如前文所述，"货币"或"货币供应量"是流通中的货币量与支票账户余额之和。能够代表经济中购买力的货币量几乎总在不断增加。例如，1960年，美国的货币供应量约为1400亿美元。截至2022年1月，美国的货币供应量增长了近150倍，达到20.7万亿美元左右。[2]这是怎么回事呢？谁获得了如此巨额的新增货币呢？

美国国会将发行货币的控制权授予美联储，但禁止其自身印制货币，由个人或企业负责印制货币，实际上印制货币的决定由美国国会或财政部等政府部门掌控。因此，按照美国目前的制度，仅通过加速发行美元无法扩大政府开支。国会必须通过税收或借贷的方式来筹集政府开支所需的每一分钱。

国会对自身施加了这种限制，并在立法设立美联储时将发行货币的权力委托给美联储。需要谨记的是，美联储对货币的控制权并非与生俱来，而是源自国会 100 多年前的决策。因此，未来国会也可以轻而易举地取消这种限制，收回为自己发行货币的权力，或者建立一个全新的货币发行体系。

美国和大多数政府都选择以这种方式来约束自己，将国家的货币制造权委托给中央银行，如果没有这样的约束，后果将不堪设想。如果让政府直接掌控货币发行机构，政府就会肆意挥霍，印制过多货币，从而造成自己国家的货币变得一文不值。

这又是怎么回事呢？如果一个国家的政府不通过提高税收（可以称之为不受人待见的手段）或借贷（这可能极为困难或成本高昂）等手段来支付新建项目或不断增长的其他政府项目（尤其是政府认为有助于巩固权力的项目）的费用，而只是简单粗暴地靠发行货币来支付这些开支，发行的货币越多，产生通货膨胀的可能性就越大，那么通货膨胀又会提高项目成本。结果政府只能发行更多的货币来支付日益增加的项目开支。通货膨胀则会不断加剧，政府不得不发行更多的货币，这样就会造成通货膨胀率不断上升，这种现象被称为"恶性通货膨胀"，最终会导致该国的货币体系彻底崩溃。

例如，20 世纪 20 年代，德国魏玛（Weimar）政府发行了大量货币。据说，当时的德国有人不烧木柴，而是烧钞票来为房屋供暖；装满整个手推车的钞票才只能买到一块面包。在餐馆就餐时，饭菜的价格到从点餐到结账时都会上涨。就在第二次世界大战结束后，出现了有史以来最严重的恶性通货膨胀，匈牙利的物价涨幅达每月 4.19×10^{16}%，导致所有匈牙利流通货币的总价值还不足 1 美分。[3] 最近，津巴布韦政府发行了面额高达 100 万亿的钞票，截至本文撰稿时，该面额的钞票在易贝网（eBay）上每张售价约为 10 美元，该国每月的平均通货膨胀率竟高达 7.96×10^{10}%。如果货币以这种速度贬值，经济就会彻底崩溃，或导致大量人口伤亡，甚至对世界文明构成严重威胁。

美联储在使用其发行货币和增加货币供应量的权力时，人们通常将这种行为称为"印制"货币。我完全赞同这种简称，但不应过度简化。只是简单地印刷钞票并不会增加货币供应量，可能大家已经了解了其中的缘由。新印制的货币都会储存在封锁严密且严加看守的政府金库中，任何人都无法合法地使用这些货币。在新印制的货币进入消费环节之前，并不具备任何购买力，也就无法影响经济运行，与一大堆彩色的纸张并无二致。如前所述，新印制的货币进入"流通"之前甚至都不具备"货币"的资格。

那么，货币是如何才能进入流通环节的呢？答案是通过银行贷款。银行发放贷款时，用的就是全新发行的货币。因为银行既不会私自从个人的支票账户中扣款，也不会要求客户向银行缴纳部分款项用作贷款。银行只是无中生有地创造了用作贷款的货币。无论借款人是以纸币的形式获得这些新发行的美钞（如果需要，美联储会将这些纸币提供给银行，再由银行转交给借款人），还是将其储存在自己的支票账户中，这笔贷款的金额就是货币供应的增量。正如经济学家所说，发行的新币都因贷款而存在。

美联储通过银行改变货币供应量的这种体系称为"'部分准备金'银行制度"（"fractional reserve" banking）。从本质上讲，当个人把钱存入银行时，银行只保留这笔钱的"一小部分"作为"准备金"，将剩下的钱用作贷款再次借给他人。截至本文撰写时，银行持有存款的准备金的多少仍由银行自行决定。在 2020 年之前，美国的银行至少需将存款的 10% 用作准备金。也就是说，如果个人在支票账户中存入 1000 美元，银行就可以保留 100 美元作为准备金，并借出其余的 900 美元。你的存款仍然是 1000 美元，随时可以用于消费。由于银行会把其余的 900 美元借贷给他人，因此就有了 900 美元的全新资金可供借款人使用，这样货币供应量也就相应增加了 900 美元。（贷款前货币供应量只有 1000 美元，通过银行系统的"神奇魔力"，贷款后就变成了 1900 美元。）

此时，大家可能会认为这与几个世纪前老奸巨猾的银行家的所作所为如出一辙——利用他人的存款发放贷款，为自己牟取利润，确实是这样。然而，银行系统相比此前的银行家在以下两个方面有了长足的进步。

首先，如今的银行家受到严格监管，以确保他们"既安全又可靠"，而且还要拥有足够的准备金，不允许他们将准备金用作贷款借出。借款人偿还贷款后，这笔钱又会成为银行的准备金，就可以再次用于发放新贷款且仅限于新贷款。可以把银行准备金想象成一个池子，贷款源源不断地从其中借出、偿还，并再次发放给各行各业的借款人。如果美联储认为某家银行的准备金不足，就可以要求该银行增加准备金或降低贷款额度。

其次，与早期的银行业不同，如今发生银行挤兑的概率大大降低。早期的银行一旦面临提款数额超过其储备的贵金属的情况时，就会倒闭，银行家就会跑路。而如今，再也不会发生这种情况。为什么呢？因为现在有了联邦存款保险公司（Federal Deposit Insurance Corporation）的保险。联邦存款保险公司隶属于美国联邦政府，专为美国各家银行的存款提供保险，每个账户的保额最高可达25万美元。因此，如果有一天储户从银行支取的额度超过银行准备金的金额（这种概率极小，几乎不可能发生），银行就可能会倒闭，但联邦存款保险公司将会立即介入其中，并确保绝大多数储户都能全额支取。正是这种保险措施大大降低了出现银行挤兑的可能性。当个人知道即使银行破产也能得到自己的存款时，为什么还要跑到分行处去取钱呢？[1]

虽然整个货币的发行过程听起来很复杂，但这就是各个国家发行货币的完整过程。诺贝尔经济学奖获得者米尔顿·弗里德曼曾就增加货币供应量提

---

[1] 此外，美联储可以直接贷款给有用款需求的银行。这是对储户的另一种保护，因为美联储为避免出现严重的金融混乱，显然会对银行出手相救。

出过一个比这简单得多的著名论断,他将其称为"直升机撒钱"(helicopter money)。具体来说,就是直接把发行的纸币从直升机上向下抛撒。人们就会捡起这些飘落的纸币,这样一来,货币供应量(流通中的货币)自然也就增加了。我认为他这一说法只是个比喻,他并非当真要以这种方式向人们撒钱,用邮寄的方式岂不是更加秩序井然?然而,他这种说法确实凸显了货币的两大特点。第一,除银行贷款外,发行货币还有其他方式。第二,货币是凭空创造的,而且在他的例子中,甚至就连分配也都是凭"空"完成的。

货币发行的受益者

如果把新发行的钞票从直升机上抛撒而下或者以另外一种相对不太混乱的方式邮寄给各个公民,要找出因此而获利的人及具体的获利金额并非难事。如果像20世纪20年代的德国政府一样,拿起刚发行的钞票直接消费,也很容易知晓这些货币的去向。这些增加货币供应量的替代方式(以及其他各种更简单的方法)的共同之处是,政府都有权决定新发行货币的受益人及受益时间——这些方式很容易遭到滥用、滋生腐败,而且如前文所述,这些方式早已退出历史舞台了。

那么,如果有银行靠发行货币来发放贷款,谁会从中获利呢?借款人必须将所借款项连同利息一并偿还给银行,因此受益人显然不是借款人。他们可能会对贷款心存感激,并用贷款获益,但他们并不会因此而变得更加富有。而贷款交易的另一方即银行的确会因此而受益。但不幸的是,银行从贷款中受益的方式并不像在直升机下捡钱那么显而易见。

切记,银行只有在发放贷款时才能赚钱——任何其他目的均无法赚钱。贷款的获利方式与银行向个人收取的20美元透支费不同。这笔费用和银行其他的收费项目一样,也是银行的收入。银行可以用这笔费用给员工发放高额奖金、游说立法者或在各大城市租用更多的办公场地。借款人会得到因贷款而发行的钞票。贷款的利息和20美元的透支费极为相似。无论银行获得多少贷款利息，都属于银行的收入——这就是银行从这种货币发行体系中获得的好处。综上所述，这就是银行赚钱的方式，也就是说，银行通过增加货币供应量收取贷款利息而获利。

其实，银行通过发行货币获得的收益要低于贷款的利息，因其必须要用部分利息来支付存款利息。但是，任何既有未偿还贷款（如信用卡债务）又同时在银行存款的人都很清楚，贷款利息与存款利息之间存在显著差异。银行家将这一差值称为"息差"（the spread），这正是银行利润的主要来源之一。我们也可以将其看作银行将有意储蓄的人（储户）的资金与希望借款的人进行匹配所收取的费用。

显然，银行在货币体系中扮演着关键角色，但问题是：银行是否尽职尽责了呢？具体来说，银行有权决定谁可以获得贷款、获得的贷款金额、贷款所需的具体的条件，以及向储户支付多少存款利息、收取哪些费用，但它们在这些方面是如何行使权力的呢？银行在这些方面的决定可能会对公平、公正和机遇产生重大影响。

一般来说，无论是从性别和种族的角度来看，还是从收入和经济的角度而言（由于银行职员的工资远远高于社会平均水平），银行的决策者并不具有典型的社会代表性。这些银行的决策者对特定群体的信贷价值（credit-worthiness）、在哪些领域吸引储户和发放贷款的倾向，都有自己的预判。

例如，以少数族裔为主的城区多年来一直是他们眼中的"禁区"，这减少了大多数在这些区域生活的个人获得房贷的机会。虽然这种歧视在20世纪60年代就早已明令禁止，但对这些区域投资不足造成了这些区域衰败和城市萎缩，而且众多边缘化群体也并没能在"二战"后房价不断走高的趋势下获得平等的机会。上述这些影响，以及由此产生的巨大贫富差距，如今已变得显而易见。

扩大银行的客户群体会损害银行的利润吗？鉴于银行业的人员结构，

其自身无法对这个问题做出回应。然而，由于银行须经政府批准方可设立，因此政府可将扩大客户群体及提升银行自身的包容性作为银行设立的强制条件之一。在政府出面干预的情况下，针对那些难以获得银行服务人群的银行业务必然会出现快速增长，而业务量增多同时也会带动银行利润激增。人们（包括所有银行家）可能都会为此惊喜不已。

最后，无论大家对银行系统服务的感受如何，可能都想知道这个通过银行贷款发行货币的系统对每个人和整个经济体会产生什么影响。因此，这个系统如何影响我们的生活以及应对经济衰退的能力是下一章的主题。

此时，让大家备感欣慰的可能是，幸好有一个还算独立的机构，也就是美联储，在负责监管货币供应量，以及那些"贪婪的银行家"或政府的公职人员，以防止他们疯狂印钱、中饱私囊。然而，无论此刻你有多欣慰，在下一节探讨美联储如何控制货币量、干预经济之后，这种欣慰的感觉可能就会有所变化。

货币量的控制

银行之所以总是希望放贷，是因为从中获得的贷款利息既可以用来支付储户的存款利息，又可以为自己赚取利润。美联储就有能影响银行放贷意愿的工具，进而干预货币发行量。

2008年年末，美联储推出了一种影响放贷和发行货币的新举措，即美联储开始向银行准备金账户支付少量存款利息。此前，银行交付给美联储的准备金并没有任何存款利息。这一举措的初衷是，银行从准备金中获得的存款利息越多，它们支取用以发放贷款的准备金的积极性就会越弱。同理，如果银行所缴纳的准备金的存款利息较少或压根没有利息，银行必然会积极主动支取用以发放贷款的准备金。美联储具备设定这一利率的能力，截至本书撰稿时，该利率仅为0.15%。我们想想银行存款利息的增减如何影响个人把钱存入银行账户的意愿，就会明白美联储如何利用增加存款利息影响银行使用准备金发放贷款的意愿。

然而，美联储影响发放贷款的惯用方法依旧是直接更改银行准备金数额。通过这一方法，提高银行准备金额度既可以增加贷款，又可以发行货币。同样，银行准备金额度的下降就会减少贷款和发行新币。那么，美联储又是如何增加银行准备金额度的呢？答案是通过购买银行债务。下面这个案例将会说明这一点。

假设花旗银行（Citibank）已将其大部分或全部准备金贷出。花旗银行如何证明自己的确已经将所有贷款借出了呢？毋庸置疑，自然是从该银行获得资金的个人、企业及政府等借款人的大批债务凭证。假设美联储从花旗银行购入50亿美元此类债务，这50亿美元就会存入花旗银行的准备金账户，花旗银行准备金自然也就会增加50亿美元。因此，该银行在发放贷款、发行货币方面的意愿及能力就会提升，进而又可以发行更多的货币。

那么，美联储又是如何获得这50亿美元来购买这些债务的呢？显然完全靠无中生有。切记，各国目前使用的所有法定货币（fiat money）都是由政府（特别是各国的中央银行）在与花旗银行类似的私营银行的帮助下凭空"捏造"的货币。美联储从花旗银行获得了50亿美元的债务，而只需轻轻松松地在自己的电脑上把花旗银行的准备金账户余额增加50亿美元来向对方"付款"。

美联储从银行买进（和卖出）债务这一过程被称作"公开市场业务"（open market operations），因为这一过程是在其他机构买卖债务的同一"公开市场"中进行。位于华盛顿特区的美联储总部并不开展这项业务，这项业务主要在美国的金融中心即纽约市进行。该业务由12家地区联邦储备银行之一的纽约联邦储备银行（Federal Reserve Bank of New York）负责，该银行总部位于曼哈顿下城区，建筑整体呈文艺复兴时期的宫殿式风格（此处绝对值得一去）。

美联储买入的特定债券通常就是美国的政府债券，其买入这类债券的方式与政府债券的其他买家完全相同：以尽可能低的价格从银行买入。美联储以这种方式购买了数万亿美元的债券，截至2021年12月，美联储持有价值超过8万亿美元的债券。[4] 美联储靠这类债券赚取的利息支撑自身运营，超出其运营费用的所有资金都须上缴美国财政部。美国政府对这笔资金的使用方式同其他税收收入使用的方式并无二致。仅2020年，美联储就以这种方式向美国政府上缴了885亿美元。[5]

如果美联储疯狂买入债券（就像2008年大衰退之后及2020年3月新冠疫情暴发后大规模买入债券一样）①，银行准备金将会大幅增长。随着准备金增长，银行对外放贷的意愿也会不断提高。为什么呢？如前文所述，因为银行可以通过发放贷款赚取利息。银行吸引贷款客户采取的措施就是降低贷款利率。

贷款利率是贷款必须要缴纳的费用，就像只有买了机票才能乘坐飞机一样。如果政府突然为各个航空公司提供了一批新客机，航空公司必然会以降低机票价格的方式来吸引乘客。这是航空公司吸引乘客、让新客机座无虚席并从中获利的唯一方法。同样，美联储增加银行准备金时，银行不得不采取降低贷款利率的方式吸引借贷客户。

美联储还可以通过逆转上述过程来减少银行的准备金。美联储也可以向银行卖出债券，并从银行的准备金账户中扣除相应数额的准备金。美联储从银行准备金账户中扣除的资金也就灰飞烟灭了。银行的准备金降低，自然也会减弱银行发放贷款的能力。银行并不会告诉那些未能申请到贷款

---

① 美联储通常购买由美国财政部通过美联储的公开市场业务发行，且偿还期少于5年的政府债券。但自大衰退之后，美联储开始实施"量化宽松货币政策"（quantitative easing），也就意味着美联储购买债券的范围开始扩大，会买入包括其他实体发行的期限更长的债券。

的客户：因为发放贷款所需的准备金已经用完了，所以他们才没能申请到贷款；银行只会通过提高贷款利率这种轻而易举的方式，将贷款需求减少到银行可以接受的范围。因此，贷款利率上升，贷款增量就会减少，发行货币的数量也就会减少。实际上，美联储减少货币供应量的惯用方式只是让其持有的债券到期，也就是说，让债券所欠的本金到期。然后，美联储再从债券发行人处获得本金，还款自然也就消失。

这就是美联储改变货币供应量及"设定"贷款利率的方式。美联储不会以政府设定税率的方式设定贷款利率。相反，利率由市场决定，大多数商品的价格都由市场决定。如果出借人多于借款人，贷款利率就会下降；反之，利率就会上升。

具体来说，美联储专门为一种极其重要的利率——"联邦基金利率"（federal funds rate）设定了目标区间（通常在0.25%左右）。（截至2022年年初本文撰稿时，联邦基金利率的目标区间处于0~0.25%的历史低点，但美联储宣布其计划在2022年晚些时候多次加息。）如果联邦基金利率超出目标区间，美联储可以利用公开市场业务向银行买入或卖出债券等方式，将其始终保持在这一目标区间范围内。如前文所述，美联储还可以通过改变其向银行准备金账户支付的存款利率来影响银行的借贷行为，以及联邦基金利率。

联邦基金利率是什么？就是银行之间"隔夜贷款"（overnight loans）的利率。例如，银行可能会发放超出准备金限额的贷款。因此，该银行可以从另一家银行借取准备金，但需向借出银行支付与联邦基金利率等额的利息。

这种听起来晦涩难懂的概念似乎与大多数人都毫不相关。但是联邦基金利率其实会影响其他所有利率，包括住房抵押贷款利率、信用卡还款利率和创业贷款利率等。联邦基金利率是基本上没有风险的贷款利率（例如银行的隔夜贷款所需支付的利率）。因此，联邦基金利率是其他各类贷款利率的底线。其他各类贷款的利率在此基础上的涨幅取决于借款人的信用度、贷款期限、贷款目的等诸多因素。

　　大家可以把具体的贷款利率看成某款汽车的保险费。保险公司会设定底价，即一位驾驶技术堪称完美的司机在理想使用场景中驾驶着一辆完美无瑕的汽车。但现实世界中个人所支付的保险费必然会高于这一底价。人们会因为各种原因支付比这一底价更高的保险费，例如不良驾驶记录、保险索赔记录或被保险车辆为昂贵的跑车等。

　　而对贷款而言，这一底价就是联邦基金利率。任何贷款的实际利率都以此为基础，都是为补偿借出人承担具体借款人和贷款相关风险而增长的利率。如果这类附加风险很低，贷款利率就会接近联邦基金利率，例如苹果公司贷款时，利率就会很低。如果附加风险很高，贷款利率就会远高于联邦基金利率，例如用高利贷借钱给赌徒时，借款利率就会很高。

　　如果联邦基金利率下降，所有利率通常都会随之下降，人们就会倾向于大规模借贷，进而就需要发行更多货币。如果联邦基金利率上升，所有利率通常都会上升，人们的借贷就会减少，同时减少货币的发行量。利率的变化如何影响经济，以及在经济衰退中能提供哪些帮助（你可能已经能够预测一部分）就是我们在下一章中探讨的主题。

第 12 章　货币政策：美国联邦储备系统如何应对经济衰退

> 自 1913 年成立以来，美联储向来自诩为一家"独立"机构，由大公无私的公务人员负责运营，力求通过货币政策"微调"经济。然而，美联储实际上是一家非政治性的政府机构，无异于一只狐假虎威的猫咪。
>
> ——托玛斯·迪洛伦佐 (Thomas DiLorenzo)，
> 马里兰州洛约拉大学塞林格商学院经济学教授

货币量对经济的影响

前文在探讨通货膨胀时将经济运行比作拍卖会，拍卖时，所有参拍人员均可获得一定数额的"代币"用以购买参拍商品。如果参拍商品并未增加却增发这种代币，那么每件参拍商品的竞价和售价均会增加。金融经济的波动（货币量的增长）通常只会影响金融经济（造成通货膨胀），但并不会波及实体经济（待售商品的数量）。

试想一下，如果增加代币的数量可以导致拍卖中参拍商品数量的增加，这与经济低负荷运行时发生的情况一模一样，比如经济衰退就会出现加大货币发行量的情况，这时金融经济会影响到实体经济：货币量的增加必然会带来商品和服务数量的增加。金融经济究竟是如何影响实体经济的呢？

与本书中诸多问题一样，这一问题的答案同样可以在心理学领域寻根溯源。钱越多，人们的心态就越乐观积极、充满希望。人们就会更关注自己钱包里的现金和银行账户里的余额，而不关心（实际上完全忽略）本书中探讨的金融经济与实体经济的差异。企业主就会看好自己企业的盈利能力（有些人将之称为企业主贪得无厌的开始），着手让失业工人重返工作岗位，让低负荷运转的工厂重新开足马力生产，再把闲置资源重新投入生产。货币流转的速度越快，就越能提振消费者在新产品上的消费信心。简而言之，这就是美联储制定"货币政策"的方式。

经济衰退时增发货币可以活跃经济，这一观点在复杂的货币政策制定过程中还比较直观，列举若干案例则更易于理解。

如果我要扩建房屋，而且住房权益贷款（或与住房相关的任何贷款）的利率也在下降，我自然想用贷款来扩建房屋。如果某一企业计划建造一座新工厂，并且建造工厂的贷款利率呈下降趋势，而且建造新工厂获得盈利的可能性也很大，这家企业必然很有可能建造这座新工厂。在以上两种情况下，实体经济之所以活跃是受到贷款利率下降的刺激，而贷款利率的下降是因为美联储在鼓励银行对外借贷。

然而，这只是发行货币带来的第一轮经济活动。房主要扩建房屋必然会需要建筑师、承包商和建筑工人，而这些人又会用房主付给他们的报酬进行消费。他们可能会将这些报酬用于外出就餐、购置衣服、旅游度假甚至扩建自家的房屋等各个方面。同样，企业需要雇用各种各样的人员来建造和运营新工厂，而这些受雇人员也会把企业支付给他们的报酬用于各种各样的消费。

因此，由最初的银行贷款产生的各类支出又会产生新一轮的经济活动。扩建房屋的工人常去吃饭的那家餐馆的老板的收入也会增加，因此，餐馆老板又必然会将这部分收入用作其他消费。由于人们并不会把自己赚到的每一分钱都消费出去，还会存储一部分，因此，每一轮的消费都会比前一轮少。

即便一轮比一轮少，消费和经济产出的总增量可能是最初从银行贷款数额的数倍。这是前文中探讨的类似出口收入"乘数"效应的另一个例子，即总支出是初始支出的"数倍"，而在上述案例中可以看出，银行贷款等同于初始支出。

贷款增加会带动消费支出，收入也会随之增加。那么收入增加之后又会发生什么呢？人们的投资和消费会进一步增长。人们投资和消费支出增长之后又会如何呢？收入会继续增加。这与第10章中探讨的经济下行时的凄惨现象完全相反。此时，随着支出和收入的增加，经济进入增长阶段。若将其称为"螺旋式上升"似乎有些夸大其词，但这与经济衰退时的螺旋式下跌大相径庭。

以这种方式刺激经济活动就称为"扩张性货币政策"（expansionary monetary policy）。美联储正是利用我在上一章中论述过的激励措施来鼓励银行发放贷款。因此，为了多放贷，银行会降低利率，从而刺激消费、拉动经济增长。大多数人会将这一复杂的过程简单地称为"降息"，因为这一举措既是扩张性货币政策的核心，也是刺激经济活动的有效机制。[①]

那么，为什么美联储没有采用不停地发行货币，以持续不断地为经济注入活力的方法呢？此举可以确保美联储最大限度履行其促进就业的使命。但是，我认为大家应该已经能看出其中的端倪了，这种情况下，美联储对其另一使命——稳定物价，就只能望洋兴叹了。

有时，如果任何有就业意向的人都能谋得一份稳定的工作，经济的确就

[①] 贷款利率接近于零，或者像某些欧洲国家那样略低于零时，通过进一步降息来刺激经济发展这一方法无法奏效。此时的借贷成本已经很低，已经没有进一步降低借贷成本以鼓励更多借贷的空间。（利率不能大幅低于零，因为如果利率低于零，人们就会停止借贷，以现金的方式存储存款。）经济学家将这一现象称作"零利率下限"（zero bound），这使得货币政策无力对抗经济衰退。

会开足马力运转。那还会出现失业情况吗？当然会。即便在经济繁荣时期，也会有人因为技不如人而失业，或者也有人因为要等待更好的就业机会而赋闲在家。但是，一旦经济衰退结束，基本上所有想要就业且有能力就业的人都能找到工作，货币量和支出越多并不一定会带来更多的就业机会和产出。如果经济处在满载运转的状态，增加货币量只会造成通货膨胀，即货币量增加，但产出量不变。

如果经济在不断升温的同时，通货膨胀率也在不断上升（货币过多，而商品太少），美联储可以采取与经济衰退期间相反的策略来应对，即减少货币供应量。货币量减少可以降低通货膨胀率。这就是与扩张性货币政策相对应的"紧缩性货币政策"（contractionary monetary policy）。大多数人会将紧缩性货币政策称为"加息"，因为加息就是这一政策的目标。

货币政策的确定

美联储认为经济需要提振时，就会实施扩张性货币政策。美联储怎么知道经济何时需要提振呢？这有时会很明显，比如经济陷入衰退时。但大多数情况下并非如此，比如虽然经济表现良好，但经济衰退若隐若现（或有人认为可能即将出现经济衰退）。美联储会时刻关注各类数据，其中包括支出、收入、存货变动、借贷活动、资产价格、企业利润、建筑活动，以及几乎可以为经济走向提供线索的所有数据。[①]

虽然监测这一系列数据的过程极其复杂，但评估经济状况是否低于其实际表现，还是很快就会出现经济低迷的情况，其实是一门艺术，而非科学。上大学的时候，我们就学过：美联储如果要不惜一切代价将失业率降至6%

[①] 美联储的联邦公开市场委员会（The Federal Open Market Committee）负责监测这一系列数据。该委员会由12名委员组成，7名美联储委员及纽约联邦储备银行行长占据8个席位，另外4个席位则由其余11家联邦储备银行的行长轮流担任，任期为1年。

以下，必定会造成通货膨胀率的加速上升。这一观点认为，由于失业人口太少，只有不断增加货币供应量才可以刺激经济增长，进而造成通货膨胀率不断上升。然而，新冠疫情暴发之前的若干年里，美国的平均失业率明显低于6%，却并未出现任何通货膨胀率上升的迹象。据我所知，可以算出精确数值的数学模型在科学预测活动方面大有用武之地，但要用其预测经济的驱动因素——人类行为，则用处不大。

美联储利用紧缩性货币政策为经济降温之前，考虑到自身所能承受的通货膨胀率时，同样也要面临类似的问题。美联储目前的通货膨胀目标为年均2%。为什么是2%而不是0呢？因为物价缓慢上涨有助于刺激消费并保持经济的韧性。例如，如果一辆新车的价格预计年均上涨2%，而非一成不变，那么就会刺激一部分人想要尽早购买这款汽车。通货膨胀率上升同时也会提高利率，因此美联储在必要时降低利率的空间也就更大。因此，适当的通货膨胀有助于美联储在实现就业率最大化的同时，还可以保持物价相对稳定。

尽管年均2%的通货膨胀目标似乎很客观，但美联储判断是否实现这一目标的标准及采取的相应措施却非常主观。换言之，如果通货膨胀率远低于目标，但美联储认为平均通货膨胀率将在近期（或不久之后）的某个时间点超过2%，美联储就可能会采取紧缩性货币政策——或者也有可能什么也不做。如果大家认为美联储拥有极大的自主权，并且在自身职责的各个方面都要面临诸多的不确定因素，则说明我对美联储货币政策制定过程的论述比较充分。

2018年，美联储还在实施紧缩性货币政策（加息）。此时的通货膨胀率远低于2%的目标，但美联储担心这种经济状态无法保持太久。只因这种忧虑就为经济降温是否合理？而且此举很可能会造成部分人口失业。这样会对大多数就业人口产生影响——工作机会减少和经济活动下降，升职加薪都会变得更加艰难。仅仅因为美联储决策者对通货膨胀率上升的忧虑，就牺牲就业机会和经济机遇，这公平吗？如果我们相信学校教授的知识——只要失业率低于6%就不会加速通货膨胀，我们很可能永远不会通过增加产出的方式，为数百万美国人创造就业机会、将失业率控制在3.5%以下（这是新冠疫情之前的平均水平）。

19世纪50年代和60年代的美联储主席威廉·麦克切斯尼·马丁（William McChesney Martin）曾就降息这一决策的困难程度评论道，"很难确定降息的幅度、降息多少才能既可以使经济摆脱衰退，但又不至于造成通货膨胀"。他还认为，"美联储的工作无异于在觥筹交错的派对上拿走酒坛"。任何曾经举办过气氛热烈的派对的人应该都知道，派对上的酒坛往往只有在酒喝光之后才会被拿走，否则只会败人兴致。

美联储对经济活跃程度的管控与每一位美国公民息息相关。美联储的这些判断考虑得是否足够全面、周到且细致？我们是否应该像得克萨斯州众议员罗恩·保罗（Ron Paul）倡议的那样，"终结美联储"呢？

美国联邦储备系统的未来

温斯顿·丘吉尔曾总结道："民主政体不怎么样，但其他政体更糟糕。"我认为美国联邦储备系统也是如此，它很糟糕，但没有它会更糟糕。经过数百年的尝试、历经坎坷才形成了如今的美联储，而且绝大多数国家都会将其货币供应的控制权委托给各自的中央银行。我们始终没有放弃对中央银行核心功能的掌控，将其与一堆贵金属紧密联系起来，和金本位制下的做法一模一样。我们既没有将其委托给私营银行家，也没有将其托付给那些发明虚拟货币的网络高手。因为这些方法必然会削弱一个国家应对经济衰退、拯救工作机会和消费能力的实力。可能在某些理论模型中这些方法切实可行，但在纷繁复杂的现实世界使用这些方法却只会束缚经济政策，在有人遭受苦难时，我们也只能袖手旁观。

相反，美国政府组建了一个由经济、金融和银行领域经验丰富的人员负责监管的独立实体。美联储对货币供应（以及利率）的管控，会不断减少经济循环中的波动。这些管控有助于遏制经济衰退及由此给许多人造成的艰难困苦。

然而，判定扩大还是收缩经济活动的决策者并不具社会代表性，并且他们的判断可能会完全与普通民众脱节。由总统提名并经参议院确认后成为美联储理事的人，以及为美联储和地区储备银行制定决策和实施政策的所有人员，很可能与大多数工薪阶层普通民众的观点大相径庭。许多美国民众奔忙劳碌、人不敷出，工作无法保障（因为大多数人并不像美联储理事那样可以获得长达14年的工作合同），而且还要担心随时可能出现让自己破家败产的各种事件。

截至本书撰稿时，四个美联储理事（其余三个席位空缺）中，包括主席在内的三位是共和党派，另一位是民主党派，而且他们均曾在金融领域担任过重要的高级职位。如果让他们在降低通货膨胀风险和放缓经济（可能会对数百万劳苦大众造成经济损失）之间做出选择，我想知道这些人是否会与普通美国民众的观点一致。

大多数人会极其关注总统提名的最高法院法官候选人，而对同样是总统提名的美联储候选人却漠不关心。而金融业的从业人员则与大多数人不同，因为该行业会密切关注这些候选人的动向，这些人选大多来自这一行业，而且这些候选人一旦走马上任，就会与金融行业保持密切联系。美国的普通民众要认识到，美联储理事对经济方面的影响丝毫不亚于最高法院的法官对公民权利的影响。因此，普通的美国民众要像关注最高法院法官的任命情况一样警觉美联储理事的任命事宜。

下文中，我们将探讨对抗经济衰退的另一利器——财政政策。

第13章　财政政策：政府支出和税收政策何以对抗经济衰退

> 约翰·梅纳德·凯恩斯的贡献不仅是提倡在经济衰退期间动用政府的资金。倘若出现类似爱尔兰大饥荒那样的天灾，各个政府都会启用政府资金。他还给了我们一种思考经济规模和维度的全新思维方式。
>
> ——保罗·萨缪尔森，诺贝尔经济学奖得主

政府在对抗经济衰退中的作用

正如我们在上一章中讨论的，美联储的作用是保持经济增长，利用降低利率等扩张性货币政策应对任何实际存在的或迫在眉睫的经济衰退，从而达到鼓励借贷、刺激消费的目的。然而，经济衰退时，人们会削减开支。因此，虽然在经济衰退期间贷款成本降低，但和几乎所有商品的成本都有所下降一样，可能并不会吸引到新客户。而且，经济衰退越严重，以降低贷款成本刺激新增借贷和支出的可能性就越小。此时美联储爱莫能助——经济亟须增加商品和服务的实际支出。如果消费者不愿消费，企业也减少支出，消费和推动经济发展的重任就需要由政府（国会和总统）来承担。

然而，在20世纪30年代之前，大多数经济学家看待经济周期的变化就像我们看待天气变化一样："我们无法掌控经济发展的好与坏。"这些经济

学家认为市场具有"自动调节"机制，且从"长期来看"，迟早会走出经济低迷。具体来说，他们认为经济低迷最终会让失业工人不断降低工资要求，直至有雇用意向且坐拥闲置工厂或办公场所的雇主再次雇用他们为止。即便到了今天，仍然有人反对政府救助经济的举措，但几乎已经没有经济学家仍秉持这一观点了。这种观点可以用"自力更生"经济学来概括，"自力更生"（YOYO）是"you're on your own"（字面意思为：你得靠自己）的首字母缩写。

秉持"自力更生"经济学观点的人只关注到了雇主的开支下降，却忽略了雇主收支的另一方面。如果市场几乎不需要雇主的产品或服务，无论工资降至多低，雇主都不会考虑增加产量、雇用新员工。

大家可能会想，难道早期的经济学家就没有认识到生产者不可能生产消费者不愿购买的产品吗？其实，这些经济学家几乎都来自特权阶层，要么家境富裕，要么在大学任教（或者是既富裕又在高校任教），经济衰退给大多数劳苦大众造成了伤害，对他们则没产生过丝毫影响，这可能就是这些经济学家大多对这个问题视而不见的原因。而约翰·梅纳德·凯恩斯则羞于与这样的经济学家为伍。20世纪30年代初，凯恩斯提出："政府应想办法减轻大萧条给许多人带来的痛苦。"他并不认同时间可以解决一切问题的观点，因为正如前文所引述的至理名言一样，他认为"从长远来看，我们都将逝去"。

一味地袖手旁观，等待经济衰退自行结束，除了会造成失业和收入降低的阵痛之外，还会使人们付出更大的代价。失业工人的职业技能开始逐渐丧失，经济衰退结束后返回其原有工作岗位的概率不断减小。经济衰退持续的时间越长，这些失业工人再就业的概率就越小，尤其是年龄较大或工作经历有污点的工人。对职场新手进行的职业技能培养及生产效率的提升也都无法实现。在经济萧条时获得第一份工作的职场人不仅工资很低，而且整个职业生涯的工资收入都要比那些在经济繁荣时进入职场的人低。最后，长期的经济衰退加剧了现有的社会紧张局势，人们会变得更加易怒，与他人合作时也只会敷衍了事。

政府掌握着破解支出减少和收入下降循环的关键。面对经济衰退，消费者和企业都退避三舍时，如果政府不挺身而出，就没有什么能阻止经济出现螺旋式下降了。扩大政府支出从本质上讲应该是应对经济衰退的最后一搏。

经济出现衰退时，政府应该如何支出？首先，我们应找出造成经济下滑的原因。如前所述，大多数经济衰退，如经济大萧条和2008年的经济大衰退，都是由"需求冲击"造成的，也就是人们的支出骤降。其他经济衰退，比如新冠疫情暴发造成的衰退，则是"供应冲击"的结果。这是一种降低经济生产能力的人为干预。下文将分别讨论政府应对这些冲击的最佳措施。

政府如何应对需求冲击造成的经济衰退

历史学家普遍认可约翰·梅纳德·凯恩斯提出的政府为应对消费者和企业支出下降造成的经济衰退所采取的补救措施。凯恩斯的观点并非完全原创，他之所以赫赫有名，饱受赞誉，是因为他不仅将这些观点推而广之，而且还努力让这些观点在现实世界中落地生根。凯恩斯主张政府应通过增加支出和/或减少税收等措施使经济重回正轨。政府税收和支出政策统称为"财政政策"。通过增加支出和/或减少税收等措施遏制经济衰退被称为"财政刺激政策"，或将其简称为"刺激政策"。

为什么这些措施有助于经济复苏？正如私有企业支出的每一分钱都会为他人创造同等数额的收入一样，在为个体减少相应税费的同时，政府支出的每一分钱也会带来等额的收入。人们拥有更多的收入时会发生什么？消费支出就会增加。人们的消费增加之后又会怎样呢？收入也会随之增加。（大家现在应该早已对这一推理谙熟于心了。）一旦经济低迷期的阴霾散尽，经济就会进入新的增长阶段，就像一个人如果获得一份收入更高的新工作便能摆脱阴郁的情绪一样。

其实，经济衰退时一些支出或税收减免措施会自然而然地出台，这就体现了国会的效率和高瞻远瞩。[①]具体来说，经济衰退时，政府在诸如失业保险、食品券、医疗保险补贴和其他福利计划等现有项目上的支出会在不知不觉中增加，因为此时会有越来越多的人符合此前颁布的领取这些福利的条件。此外，人们在失业或收入降低时所需缴纳的税款也会随之下降。这些"自动稳定措施"可能会在公职人员等很多人尚未意识到经济出现衰退迹象之前介入。因此，这些自动稳定措施不仅能帮助那些陷入经济困境的民众，同时也会惠及整个社会，因为这些措施有助于稳定整体经济环境。那些经济困难的人获得的财政援助就可立即用于消费，对就业市场和企业的支持立竿见影。

参议员伯尼·桑德斯（Bernie Sanders）等政治家共同提出了一项更加强大的自动稳定措施：联邦就业保障计划。经济衰退时，这些联邦工作岗位会随着失业人数的增加而不断增加；随着经济复苏，人们不断返回私有制企业就业，这些联邦工作岗位就会减少。这些政府的工作岗位可以帮助修复老化的基础设施、改善贫困社区的教育条件、有助于满足日益增长的老年人护理需求，以及让美国变得更加洁净、绿色。对个人而言，能获得这类工作总比持续失业好得多，对整体的经济同样也是大有裨益。这样的计划可能耗资巨大，但在经济衰退时担心政府支出太过庞大无异于在房子着火时担心水费太高。

政府需要为刺激经济注入多少资金是一个很难回答的问题，对经济学家来说也是如此。之所以难以回答，正如我们在前文中提及的那样，因为经济中的很多因素都与心理学息息相关。同样，打破阴霾、让人们重拾自信所需

---

① 2002年3月8日，《纽约时报》刊登了题为《美联储主席认为经济衰退即将结束，众议院通过经济复苏法案》（Fed Chief Sees Decline Over; House Passes Recovery Bill）的文章，其中概括了国会高效应对经济衰退的内容。

的政府支出的具体数额也难以确定。细数一下到底要付出多少努力，才能让一位意志消沉的朋友找回从前的自己，大家就会明白要准确地厘清需要多少刺激措施才能让经济重回正轨，并且有多困难。最有效的措施就是增加支出、减少税收，密切关注经济动态，并根据需要适时调整政策。

政府在经济大萧条期间的反应表明，经济低迷时要确定需要采取多少刺激措施极其困难。20世纪30年代，美国政府在罗斯福新政（Roosevelt's New Deal）相关项目上投入大量资金来应对经济衰退——美国乡村通电、道路升级改造、通过公共事业振兴署（Works Progress Administration）的资助进行文艺创作，以及在全国范围内开展基础设施建设等，建造了诸如胡佛水坝（Hoover Dam）和亨利·哈德逊公园大道（Henry Hudson Parkway）等知名工程。但是，直到美国介入第二次世界大战时，美国经济才真正开始复苏，这反而使一些人得出了"战争有利于经济发展"的谬论。

其实战争对经济极其不利，对理应受经济服务的现实生活中的人们来说更是如此。战争不仅会造成大量人员伤亡，而且还会破坏基础设施，生产的产品也会从人们所需的日常商品变成增加战争取胜概率的武器。美国政府在战争方面的开销之大与和平时期相比简直难以想象，其经济在参与第二次世界大战之后才开始蓬勃发展。政府在武器上的开销对消费者而言毫无意义，顶多只是让受雇制造这些武器的工人赚得了报酬而已。这些工人用赚来的钱进行消费，进而增加了收入和支出，使得美国经济重回增长的轨道。

幸运的是，经济衰退出现的大多数时间，并不需要应对类似于要打赢战争这样的重大威胁。因此，如何同时使用刺激资金和减税措施或单独使用其中一种措施，就有了诸多选择。这些选择正是我们在以下两节中探讨的主要内容。

对高收入者与低收入者不同的经济刺激措施

把钱交给低收入群体或失业人群，要比把钱放在富人的口袋里对刺激经济增长更直接、有效。如前文所述，低收入人群（尤其是经济困难群体）很可能会把获得的所有资金全都用于消费，因而就能立即刺激经济增长。罗斯福新政的相关项目雇用了大批工人来建造公园、道路和其他公共设施，其中许多工人都是失业人员，这就是刺激消费直接拉动经济增长的完美案例。如今再次回顾这些新政项目，其中唯一的遗憾是什么呢？这些项目的规模不足以终结当时严重的经济衰退。

而2008年经济大衰退时，美国政府将刺激消费的数千亿美元投入银行和金融机构，并没有给那些入不敷出的房主一分一毫。如果政府将这些援助资金直接交给房主，则完全可以避免这些人无家可归及因大批房屋空置而使社区被废弃等一系列惨不忍睹的情况发生。此外，政府给予房主资金支持还有助于实现另一个目标：拯救金融业。美国政府本可以将现金直接拨付给陷入困境的房主以消除导致银行资金大量流失的损失，而不是为确保银行拥有偿付能力而将其直接交付给银行。为什么不直接把现金拨付给房主呢？

与制订一系列援助计划的公职人员保持接触的是各个银行家，而不是那些深陷窘境的房主。实际上，许多这类官员要么曾经是银行家，要么就是立志要成为银行家的人。这些官员中几乎没有苦苦挣扎的房主。这是本书第2章中探讨的管制俘获的另一个案例。这些政府官员与受监管的公司狼狈为奸，完全将公众置于不顾，他们通常很少与公众接触，与公众的共同利益也很少。为应对大衰退而实施的政策，就足以反映出这些官员和企业的暧昧关系。

对企业的财政援助

无论是民主党还是共和党，政治家们都极力支持另一种刺激消费的措施，即对企业的财政援助。这些财政援助主要以极其优惠的条件直接向企业提供资金或贷款。企业的规模越大，获得的资金支持也就越多。以财政资金援助企业的原因是，如果航空公司、酒店业或者任何其他主要行业破产，美国的经济就会崩溃。

这种措施是否合理呢？要解答这一问题，我们需要重温本书的基本假设，即可以通过常识来解释现实世界中发生的各种事物。如果达美航空（Delta Airline）获得了救助资金，并不会将这笔资金用在该公司的飞机上。利用率不足的飞机停在停机坪上，等待有旅行需求时再度投入使用。即便没有这些救助资金，这些飞机也不会沉入地下，更不会因高管离职而惨遭废弃。如果达美航空因缺乏资金救助而破产，失去的有可能是该公司的管理层，而非其他资产。救助资金并不能拯救达美航空公司的飞机，只能拯救该公司的高管和股东。达美航空公司一旦破产，其飞机、起降班次及其他资产将会被出售，最终会交由他人管理和持有。

新冠疫情暴发期间，航空公司不仅在飞机的问题上小题大做，在就业问题上也大做文章。具体来说，航空公司均声称救助航空企业能够增加就业机会。这看似一举多得，但仔细一想（大家对任何事情都应思考一番），我们作为纳税人为这件一举多得的"好事"付出了多少。航空公司在新冠疫情期间获得了累计超过 500 亿美元的救助资金，这意味着在航空公司声称能够提供的 7.5 万个工作岗位中，纳税人为每一个岗位支付了近 70 万美元。[1] 因此，就像许多欧洲国家的做法一样，如果政府直接向员工拨付工资，而不是把这部分资金交给企业管理层，既可以节省数百亿美元的资金，又能产生数万个就业机会。

所有企业对救助资金的这种谬见皆是如此，包括像波音这样的制造企业也不例外。即便企业没有从政府那里得到一分钱的救助资金，企业的厂房、设备、知识产权和其他有价值的资产也不会凭空消失，有可能消失的只是公司的管理层和股东。

大家可能会担心，如果没有救助资金，诸如达美航空和波音公司等企业可能无法保全自身的资产，会出现资产贬值的情况。然而，由于企业资产价值通常是保全成本的很多倍，因此，不保全资产的决定既不合乎逻辑，又会破坏资产价值。任何企业如果做出不保全资产这种糟糕的决定，都会有损其发展前景，造成企业股价下跌。但凡企业管理层未能做出这一极其简单的资产保全的决策，即通过支出或借贷资金来保全资产，避免造成资产损失，自然不乏乐于做出这一决定并从中获利的其他人。一旦该企业股价暴跌，它将成为另一家对有价值的资产采取稳健措施的公司的收购目标。

因此，如果没有救助资金，企业可能会破产，再被另一家企业收购。一般来说，新企业主会撤换原公司的管理层。新管理层也许会更优秀，也可能会更糟（难以想象波音公司为此付出的代价——该公司最初不顾波音737 Max 飞机存在的软件故障，仍然坚持让 737 Max 执飞，最终造成两架客机失事，导致 346 人丧生）。

不向企业提供救助资金的基本条件是，未出现任何实际的商品或服务损失，也未出现国家生产力的丧失。即便没有给达美航空、福特汽车、万豪酒店（Marriott）及迪斯尼（Disney）等企业提供救助资金，美国拥有的飞机、工厂、酒店和度假胜地的数量也不会有任何变化。但是，美国对这些企业有着不同的管理方式。

即便没有政府对企业的救助资金，管理良好的公司也完全可以在经济衰退中屹立不倒，而且经济衰退后仍可以繁荣发展。管理不善的企业则会因经济衰退而破产，企业中任何有价值的资产都将被新企业主收购。新企业主会采取完全相同的激励措施继续从事企业之前的业务。

即便企业被他人接管，其中的大多数员工，包括工厂工人、工程师、会计师、文员及许多其他工作人员，其实也并不会受到影响，但企业高管却很有可能因此而失业。如果这些企业高管的工作能力极其优秀，即便处在经济衰退期间，他们也会受到原先管理层的重用，毋庸置疑，他们肯定也会被新管理层继续留用，因为新管理层也希望能顺利接管这家企业。此外，优秀的管理层可以提高公司的销售额，而且与之前的管理层相比可以创造出更多的就业机会。

然而，可以肯定是，新企业主会以极低的价格购入濒临倒闭的公司，持有该公司股票的股东会因此备受打击。那么这些股东又是谁呢？2019年，美国最富有的10%的家庭持有近84%的美国股票。[2] 自2019年及新冠疫情暴发以来，财富不均的现象日益加剧，致使股票所有权不断向美国的富人阶层集中。任何财富损失都令人扼腕叹息，但人们看到经济衰退给普通百姓造成的艰难困苦，就会发现政府的援助资金集中在企业股东身上并非最有效、最仁慈的经济救助措施。

引导这些已经流向企业的资金转向正在因经济衰退而受苦受难的美国普通民众，必然会对美国经济产生更强大、更直接的推动作用。令人啼笑皆非的是，这样最终也会给美国的企业带来巨大利益。消费者因此便可以持续不断地购买这些公司生产的诸多商品和服务。如果那些唯利是图的企业都能以满足消费者的需求为宗旨，而不是为了政府的施舍去阿谀奉承政府官员，相信我们都能过上优渥的生活。

只是简单地将这些刺激经济发展的资金交给企业的管理层及其股东，可能既保不住员工的工作，也不会让失业工人重返工作岗位。就业可以扩大经济规模，但并不意味着要往富人的银行账户里打钱，那只是在重新分配经济利益而已。

经济衰退时，政府可以向那些经济困难的个人发放现金，使他们有能力消费，并维持经济运转，或者也可以直接向企业拨付现金，企业现有的管理层和股东也能度过这段经济困难时期。政府在经济大衰退时就面临这种权衡，但政府最终选择了救助银行而不是房主。从本质上讲，挽救经济的措施既可以自下而上，也可以自上而下。但是，无论哪种措施，在这一过程中，顶层群体始终比底层人群更有话语权。

政府应如何应对供应冲击引起的经济衰退

诸如战争、流行病或自然灾害等都会对国家造成直接的伤害,也会使其生产商品和提供服务的能力急剧下降,一般很少会造成经济衰退。然而,新冠疫情使流行病和经济衰退之间产生了前所未有的关联。

如前文所述,出现供应冲击时,人们会对经济发展丧失信心,而且需求冲击往往也会随之而来。经济遭受这样的双重打击,不仅会造成商品供应减少,人们的消费需求往往也会下降。此时,所有因需求冲击对经济造成的创伤都会出现,如失业、工资下降和企业破产倒闭等。更糟糕的是,许多商品和服务的价格都会上涨。为什么会出现商品和服务价格上涨呢?

需求冲击造成的经济衰退,随着收入降低和就业前景的低迷,企业通常会降低价格来吸引客户。供应冲击造成的经济衰退,由于国家的生产能力受损,企业在售商品会不断减少。战争可以摧毁基础设施,贸易禁运会造成石油或天然气短缺,而大流行病可以影响工人工作。因此,大多数商品的生产成本会增加,生产也会因此而困难重重,生产的商品自然就会减少,消费者购买商品的价格就会升高。商品产量下降的同时价格反而上涨的这种现象被称为"滞胀",这是20世纪70年代石油输出国组织推高油价后产生的棘手问题。

前文提到的由需求冲击造成的经济衰退中涉及的财政措施(即增加政府支出、降低税收)在此时的作用微乎其微。出现供应冲击造成的经济衰退时,产量减少的主要原因不是人们没有心情花钱(即使经济衰退结束之后依然如此),而是根本无法扩大产能,或者因为价格太高而消费不起。即便想尽一切办法鼓舞人心,也始终无法解决工厂被炸、石油短缺或传染病肆虐对生产商品造成的束缚。在这种情况下,把钱直接拨付给个人无法促使企业生产更多商品,因为企业无法正常生产。因此就会出现钱多货少的情况,最终会形成通货膨胀。

显然，想要改变这种状况，政府必须首先修复经济生产能力的创伤。第二次世界大战不仅摧毁了欧洲的基础设施，也使欧洲的经济濒临崩溃。美国政府的马歇尔计划（Marshall Plan）为欧洲提供了资金支持，使欧洲得以在战后重建，欧洲的经济增长也迅速恢复。石油输出国组织实施石油禁运之后，各国纷纷开始寻找能源采购的新途径，同时加大国内石油开采量，并着手开发新能源。因此，只要能成功解决供应问题，任何需求问题自然迎刃而解，因为治愈经济衰退造成的创伤可以提升人们的信心。

然而，美国政府最初应对新冠疫情的方式是拨付有史以来最大的一笔企业救助资金。正如前文中提到的需求冲击引起的经济衰退一样，企业救助资金可能是应对经济衰退效果最差的措施。大部分拨付给企业的救助资金都进了企业管理层和股东的口袋，而这些人其实并不缺钱，因此他们再次把这些救助资金用于消费的可能性很小。用企业救助资金应对供应冲击造成的经济衰退则更糟糕，因为企业的管理层和股东会将这些用来解决供应冲击关键问题的资金挪作他用。

出现因流行病引起的经济衰退时，最好的应对措施就是将资金投入流行病的防护、治疗或疫苗研发，帮助公众尽快摆脱疫情；与此同时，还要关注扩大病毒检测范围、加强密接者活动轨迹的调查、为公众提供防护装备等方面。[①]如果没有尽全力解决流行病造成的伤害，经济衰退周期会变长，因流行病引发的一系列问题也会持续存在。令人欣慰的是，虽然对新冠疫情的应对措施并不完美，但有助于经济复苏的疫苗研发得十分迅速。此外，《新冠病毒援助、救济和经济保障法案》（*Coronavirus Aid, Relief, and Economic Security Act*），也称为《CARES 法案》，致力于为无收入群体提供各个方

---

① 假设可以在合理的时间内开发出有效应对病毒的防护、治疗或疫苗等措施。然而，如果供应冲击仍无法消除，则应竭尽全力将病毒造成的影响降至最低。

面的帮助，让他们也能够参与消费，从而在一定程度上遏制经济衰退。

无论是直白地阐释还是以比拟的手法来描述，供应冲击无异于一场极具破坏力、令人绝望的火灾。因此，最好的应对措施就是不遗余力地尽快把火扑灭。

为应对措施买单

经济出现衰退时，个人和企业削减开支的原因很简单：钱少了。此时，人们的收入和支出都在减少，对政府来说也是如此。税收同样因收入降低而下降。与此同时，前文中提到的诸如食品券和失业保险等自动稳定措施的支出就会增加。因此，关键问题在于：政府应该从何处获取这些支持新增开支及减免税费的资金？

政府只能通过三种方式获得资金：征税、借贷或发行货币。下文将对这三种方式分别进行详细探讨。

以征税的方式支付新增政府开支

政府可以通过增加税收为新增开支筹措资金。但是，这一举措从某种程度上讲反而会弄巧成拙。为了对抗经济衰退，政府需要大幅增加经济中新增支出的总量。新增税收或高额税费会减少消费者和企业的开支，至少会抵消部分政府新增支出带来的影响。之所以会抵消"部分"影响，是因为假如将新增税收用于提高工人的工资收入，工人可能会将这些新增工资全部用作消费，而且，纳税人削减的开支不可能与新增税收的数额完全等同。

然而，高收入纳税人不太可能因增税而削减支出。因此，提高高收入群体的税收，用作专注于其他社会群体的刺激经济资金，可以带动总支出的净增长，提振经济。然而，政治家们并不愿意增加任何税收。经济衰退时更是如此，尤其是出资帮其竞选的赞助人，他们往往宣称，如果必须要缴纳更高的税费，就不得不削减各类支出（包括资助竞选的费用）。因此，尽管增加富人税费来资助经济困难群体的计划是在经济衰退中解决政府新增开支的可行办法，但此方法并不适用于美国的政治制度。

以借贷的方式支付新增政府开支

在下一章中我会详细论述政府债券，区分诸如建设基础设施和儿童教育支出等方面的建设性债券，以及纯属浪费的政府债券，如避免增税和推动继续维持当前服务的相关法案等。政府借贷的初衷就是增加政府支出以摆脱经济衰退。为避免数月或数年的产出下降、工资降低和福利下降就是政府借贷目的极具价值的真实写照。这就相当于一个未充分就业的工人靠借钱学习新技能，再去谋得一份更好的工作一样，而新工作带来的收入远远超出培训新技能的开销。

政府在经济衰退时举债还有另一个原因。在一定的时间范围内，经济活动中的货币数量有限，因此，可用作贷款的资金数量同样有限。经济增长时，个人、企业和政府都会争先恐后地借贷；政府获得的贷款越多，想创办新企业或发展现有企业的个人获得的贷款就越少。经济学家将这种现象称为"'挤出'效应"（"crowding out" effect）。经济持续增长，企业也四处寻求贷款以期进一步发展，政府借贷就会把部分个人挤出借贷市场。由于越来越多的资金流向政府并用以填补财政赤字，因此私有企业想要筹措新建工厂、添置设备、扩大办公场所及其他扩大或维持企业产能的资金就会变得异常艰难。

政府如何与私人募资者争夺这些借贷资金呢？政府可以提高贷款利息以期获得这些资金。政府支付的贷款利息越高，获得的资金就越多，私有企业获得的贷款额度就会越少。

哪些私人募资者可以获得剩余的贷款份额呢？自然是有能力且愿意支付更高贷款利息的个人。例如，如果亚马逊想借钱建造一个新仓库，自然不缺愿意以更高的贷款利息借钱给它的贷方，亚马逊支付更高的贷款利息自然也不会有任何问题。如果有人想筹资开一家新餐馆，但资金筹措渠道很少，且餐馆能否有盈利也不确定，贷方对这家餐馆的态度自然不能与亚马逊公司相提并论了。即使有贷方愿意借款，许多类似的借款人也会对高昂的借款利息望而却步，最终只能放弃。从本质上讲，经济繁荣时期，政府的借贷以及私有企业（最关键的是开办、扩大和更新相对较小的企业）获得的部分借贷资金，最终也还是会为政府所用。

然而，经济衰退袭来时，企业和消费者会削减开支、减少借贷，贷方也很难找到信誉可靠的借款人。因此，经济疲软时私有企业的借贷减少，政府借贷还可以弥补借贷市场的空缺。经济低迷时，政府借贷不会挤出个人借贷。相反，政府借贷有助于政府扩大在商品和服务方面的支出，创造就业机会，使经济逐步复苏，而且并不会排挤私有企业——堪称两全其美之策。

还记得那个未充分就业、借钱学习新技能，最终获得一份新工作的工人吗？他只需用这份新工作赚取的少部分收入来偿还之前的借款。经济衰退时政府借款的作用也是如此。因此，发行政府债券向来是经济衰退期间为政府赤字提供融资的惯用举措。政府债务使政府能够在经济衰退中增加支出，而且既无须动用私营企业的投资资金，也不会因提高税收而让政府成为民众抱怨的众矢之的。

以发行货币的方式支付新增政府开支

虽然发行货币为政府赤字提供资金的确极具诱惑力，但如今没有哪个国家会采取这样的措施。大家可能依然记得，支出失控和恶性通货膨胀的风险是美国政府将货币供应控制权下放给美联储的原因。

依照现行的美国体制，政府想要增加支出，要么说服选民合理增税，要么说服投资者购买更多的政府债券。从理论上讲，这些限制既强化了政府的财政纪律，也使政府新增开支计划的成本更加透明，因为新增计划的开销必须与增税额度或政府债券增量相匹配。如果没有这些约束，即便是适度的财政良性开支，也有可能会引起通货膨胀，而且还有可能造成支出失控、恶性通货膨胀和整个货币体系的崩溃。

然而，部分经济学家认为，政府有能力通过发行货币来资助相关项目。他们将自己的观点称为"现代货币理论"（modern monetary theory），认为政府通过税收或借贷来弥补赤字会造成政府在支出时畏首畏尾。这些经济学家认为应该直接将新发行的货币用于扩大政府福利和公益项目。伯尼·桑德斯和亚历山德里娅·奥卡西奥－科尔特斯（Alexandria Ocasio-Cortez）等政治家就极力推崇这一做法。

这些经济学家的观点与本书的主旨观点不谋而合，新发行的货币只有在与新增产出不匹配的情况下才会造成通货膨胀。因此，根据美国的现行法律，政府的支出能力不应该受到税收和借贷金额的限制（受金融经济的限制）。他们认为，国会应该赋予自身发行货币的权利，而且发行货币只应受实体经济的约束，即国家的实际资源和产出。具体来说，如果政府以发行货币的方式资助相关项目，例如让失业工人重返工作岗位、教育儿童以便他们成年后能够为国家做出更多贡献，为工人提供医疗保健以便减少其病假天数等，这样一来，现代货币理论的拥护者认为新发行的货币就可以与新增产出相匹配了。因此，国家就会更加富裕、公平、公正，同时也不会引发通货膨胀。

秉持现代货币理论的研究人员表示，通货膨胀是美国联邦政府支出的唯一约束，并不是财政预算在约束政府支出，发行货币可以平衡财政预算。如果大家能变出10美元的钞票去买一份三明治，那么这个国家的经济产出就会因此额外增加一份三明治，这不就是一顿免费的午餐吗？此外，如果这10美元钞票并没有为美国的经济新增一份三明治，那10美元就会造成现有三明治的价格上涨。（还记得拍卖会的那个案例吗？货币过多而商品数量有限时就会造成商品的价格上涨。）因此，这些经济学家认为，印发货币资助各类项目，只要产出的量能够覆盖项目的成本，就不会造成通货膨胀。

这样看来，现代货币理论的确很有道理。这一理论虽然名称中带有"现代"二字，但其实并不"现代"（别忘了约翰·梅纳德·凯恩斯和前文中关于财政政策的讨论），或者这只是一个纸上谈兵的"理论"而已（前文中已论述了法定货币和政府可以凭空发行货币的事实）。然而，现代货币理论的支持者可能太过理想化，认为那些民选官员面对获得巨额财富的机会时会保持足够的理智。他们也可能过于乐观地认为，那些民选官员会把自己发行货币的每一分钱都用在增加相应的产出上。其中最大的风险是这些官员会挥霍掉一大部分，或者只是通过降低税费等形式将这笔资金转交给自己的竞选赞助人。

对政府支出失控的担忧造就了美国如今的中央银行体系，而在这个系统中，是美联储掌控着货币供应，而不是政治家。鉴于美国目前的政治现状，现在绝对不是任由民选官员掌控支出、减免税费的最佳时机。政府应该做什么就是下一部分探讨的主题。

第五部分

政府

第14章 国家债券：财政预算失衡的代价

> 如果国家没有过度发行债券，这将是举国之大幸。
>
> ——亚历山大·汉密尔顿（Alexander Hamilton）

政府开支

美国各级政府的总预算（联邦政府、各州和地方政府在商品和服务上的总支出，以及向民众拨付用于消费的资金）估计占2019年国内生产总值的38.3%。在大多数富裕国家，政府支出占国内生产总值的百分比更高。[1]例如，2019年，其他国家政府开支与国内生产总值的占比为：法国55.3%，丹麦49.5%，德国44.9%。这些占比貌似差异并不大，但若把这些开支和生产总值都换算成美元，差异就会十分明显。如果美国政府将支出占国内生产总值的比率增加1%，那么需要额外支出2090亿美元，大约是2019年食品券计划支出总额的3倍之多。[2]

私营企业支出与公共部门支出在国内生产总值中所占比例的差异并非无规律可言，也不是由某种复杂的分析结果所决定的。就像集体决策与个人决策的比重不同一样，这只是政治制度造成的结果。具体而言，这取决于联邦政府以及各州和地方政府决定支出的金额。如果大家看到社会保险金"破产"或"负担不起"政府的财政计划时，这只是一种政治手段，而事实并非如此。政府总是有能力通过征税和发行债券来筹集所需的资金，只是政府是否愿意为此筹集资金而已。

由于美国各个州政府和地方政府不能发行货币，除非国会收回赋予美联储发行货币的权利（丝毫看不出会出现收回这一权利的迹象），否则联邦政府不能发行货币来资助政府预算。政府预算的约束与个人财务预算的约束极其相似。政府预算和个人预算都有年收入——政府的收入来自税收，而个人的收入则由工资和投资回报构成。两者也都有年度支出，对政府而言，支出往往会超出收入，也许对很多个人而言，也是如此。支出超过收入（称为"预算赤字"）的差额部分需由借款融资。个人的支出超过收入时主要通过银行贷款、信用卡预付款或向家庭成员借钱来弥补差额。联邦政府以及各州政府和地方政府则是通过发行债券来筹集资金。

美国联邦政府债券的名称繁多，有长期债券、中期债券、短期债券及国库券，而债券的类型更是数不胜数，拥有各种不同金额、利率、期限、还款计划及其他各种条款和条件的债券。即便如此，这些政府债券和任何其他债券一样，都是一方（政府债券时为政府）欠另一方（购买政府债券的人）。如前文所述，购买政府债券的人其实是在向政府借款，从而使政府能够弥补如此巨大的财政赤字。

购买政府债券来弥补赤字的人是谁？没错，理应对本书的大多数读者说一声"谢谢"。如果大家有货币市场账户或银行账户，那么这些账户里大部分的钱都会由账户所在的金融机构用于购买美国政府债券。其实，借钱给政府（通过购买政府债券）是银行准备金最常见的用途之一。

政府债券

债券金额

截至 2021 年 9 月，联邦政府的债券总额（也就是说联邦政府欠其他人的资金数额）约为 22.3 万亿美元。³ 由于新冠疫情期间相关税收和其他政府收入的下降，这一数额远高于新冠病毒大流行之前的数值。（例如，新冠疫情暴发之前，2019 年年中债券总额约为 16.5 万亿美元。）美国政府是如何累积到数额如此巨大的欠款的呢？这些债务又意味着什么呢？它会对美国构成威胁吗？①

2021 年，美国政府的支出预计将超出其税收收入 3.6 万亿美元。⁴ 这一数额再次刷新财政赤字的纪录，同样主要还是由于新冠疫情暴发所致。不过，未来几年美国的财政赤字预计将会大大减少。然而，在过去的数十年间（除克林顿总统执政期间的几年外），美国政府的支出一直高于收入。而这种趋势可以说肯定会继续下去。例如，在新冠疫情暴发之前的 5 年里，年均财政预算赤字为 6900 亿美元。由于弥补赤字的唯一途径是借款，因此赤字增加必然意味着债务增长。

可能有人会问：" 22.3 万亿美元的债务负担对美国而言是否过重了呢？"尽管借钱和欠债的数额巨大得似乎让人难以理解，但如果大家知道自己可以接受的欠债额度，就能很容易地理解政府能够承受巨额债务的原因了。换句话说，如果每个美国人的债务额度是合理的，那么所有美国人的债务总额也应当是合理的。

显然，如果你或我欠了 22.3 万亿美元，那就糟糕透顶了，但这种比较并不合理。评估某人债务负担是否过重的唯一方法就是厘清债务与收入之间的关系。对我来说堪称毁灭性的债务在杰夫·贝佐斯眼里，顶多只是口袋

---

① 人们对"未偿还公共债务总额"这一术语可能更熟悉，美国的该债务总额接近 28.4 万亿美元。虽然这一巨额数字理论上应该是准确无误的，但其中包括美国政府各个分支机构持有的超过 6 万亿美元的政府债务，也就是政府机构内部之间的欠款。这不属于政府对外的欠款，因此，只需将资金从一个政府账户转移到另一个政府账户，就可以完全还清。

里的一笔零用钱而已。因此，由于22.3万亿美元是整个美国（即美国的3.3亿人口）的债务总额，所以要先厘清所有美国人的总收入是多少。如前文所述，美国国内生产总值约为20.9万亿美元，因而其总收入同样约为20.9万亿美元。

真正需要考虑的问题应该是，对于一个拥有20.9万亿美元收入的实体来说，22.3万亿美元的债务是否过高。对于大多数人而言，这些数字堪称天文数字，完全超出了认知。对于包括我在内的许多人来说，这一数额大到10亿或是1万亿已经没有太大区别了。而且，我记得有一位国会议员在讨论某项特定支出时还曾混淆了这两个天文数字。有人问他指的是10亿美元还是1万亿美元时，他说自己也不确定具体是哪个数额。你能想象如果告诉别人自己午餐吃的是三明治，却不知道它是10美元还是1万美元会是什么情况吗？这就和10亿和1万亿之间的差异一样会让人震惊。因此，要想弄清楚自己的欠债额度，就必须仔细斟酌自己的财务状况。

在评估某人的债务负担能力时，应考虑以下三个关键因素：个人收入、债务金额以及债务利息。可以通过计算每一位美国人国债的持有份额，来确定各自的份额是否合理。

首先，已知2020年美国的总收入为20.9万亿美元，总人口约为3.3亿人，用总收入除以总人口数，就可得出每位美国人的平均收入：约63 333美元。你可能会觉得这样算出的人均收入似乎太高了，因为美国家庭平均人口为2.53人，而家庭收入的中位数远低于160 232美元（即美国人均收入的2.53倍）。[5]这样算出的人均收入的确很高，因为美国人均63 333美元的"平均"收入包括其他各种福利，而这部分福利大多数人并没有将其算作收入，例如雇主支付给员工的纳税所得以外的福利、公司未分配的各种利润，以及许多人享受到的政府福利等。此外，日益加剧的收入不平等现象，即收入大多集中在顶层群体，让这一平均水平看似更加离谱。如果比尔·盖茨走进一家街边酒吧，酒吧内所有顾客的平均收入自然会飙升，但那些顾客中并没有人一夜暴富，因此酒吧顾客收入的中位数并不会产生多大变化。

其次，众所周知美国联邦政府的债务总额为22.3万亿美元，用债务总额除以总人口数，就可以得出人均债务额，约为67 576美元。

最后，美国联邦政府2020年支付利息3 450亿美元，因此美国年人均支付约1 045美元的利息。[6]

现在，就可以根据美国国债人均所占的比重及人均所应承担的年利息额来判断美国的国债是否过高了。那么，对一位年均收入达63 333美元的个人来说，拥有总额为67 576美元的债务，年均需支付1045美元的利息是否太过夸张了呢？

对这一问题的任何看法都合情合理，但在得出结论之前需要铭记以下两点：首先，美国人的债务一般都会远远超过政府债务中人均所占的份额，主要以抵押贷款债务为主。事实上，购买房屋的抵押贷款一般都会远远超过借款人的年收入，但很少有人认为这种贷款是不负责任的行为。其次，美国人均个人债务为38 000美元，[7]学生通过学生贷款人均举债30 000美元。[8]怀着雄心壮志去创业或在医学院求学的学生的债务负担则更多。因此，这样看来，67 576美元的债务貌似也就没那么离谱了。

比债务总额更重要的是每年实际需要支付多少利息，这才是个人财务的真正负担。对于一个年均收入达63 333美元的人而言，每年支付1045美元（即美国国债年人均利息）的利息可能会令人不悦。但是，这显然与有些人对国家债务的误解大不一样，他们认为国家债务会造成经济崩溃、诱发破产，甚至关乎国家的生死存亡。此外，彼得森国际经济研究所（Peterson Institute for International Economics）和哈佛大学的劳伦斯·H.萨默斯（Lawrence H. Summers）在新冠疫情暴发期间发布的一项分析估计，未来几年，美国国家预算中用于支付利息的份额将会下降，此后涨幅也会非常缓慢。[9]

从个人角度审视债务，就会过分夸大因债务而生的各种弊端。居心叵测的人就可以利用大多数人（比如国会议员）无法充分理解这些天文数字而发表政治言论，这些言论的目的通常是教唆民众同意削减政府开支。对年均收入达63 333美元的人来说，每年支付1045美元的利息根本不会产生什么危机。如果对每一位美国公民都构不成危机，那就更不用说会对整个国家产生什么影响了。

负债原因

债务是否会造成严重的后果在很大程度上取决于负债的原因。如果有人为了享受奢侈的假期或满足自己的瘾君子嗜好而背负债务，显然大家肯定会认为类似这样的支出纯属浪费，而且也会影响长期的生活质量。如果是为了买房、在医学院求学或自主创业而举债，又会怎么样呢？我认为结论可能会大不相同。

国家债务同样如此。如果政府借贷是为了发展经济，例如资助建造关键基础设施、教育儿童或帮助经济脱困，那么负担债务自然合情合理。事实上，这些方面所产出的收益若能轻而易举地超出所欠的债务，就可以让经济实现绝地反击。这就好比一位失业者以5%的利率贷款创业，其创业项目的年收益为10%，这显然是创业比较成功的典型案例。先前无所事事的人现在有了谋生手段，而且还在为经济发展做贡献，用一部分创业所得就可以轻轻松松偿还创业时所欠的贷款。

在现实世界中，这类典型的成功案例包括芝加哥大学的研究人员分析的几项丰富弱势儿童早期生活的计划。这些研究人员调查的投资项目的年均回报率为13%，[10]均优于绝大多数投资项目。研究发现，其他有关儿童早期干预项目的回报率也非常可观。

但遗憾的是，并非政府的所有支出都会如此明智。如果政府仅仅是为了避免税收过高，只想要征收足以应付政府常规开支的税收而负债，那么拥有这类债务就不是明智之举了。如果当代的纳税人没有为国防、医疗保险、农民资助及其他各类计划缴纳税费，政府只能让后代背负这一重任。（作为一个已过中年的人，我愿借此机会感谢所有尚未步入中年的读者，感谢他们愿意购买本书，资助我做的公益事业。）

同理，即便是原本极具价值的项目，如果政府在这些项目上浪费了过多的资金，这些项目的意义就会大打折扣。例如，纽约市最近完成了曼哈顿第二大道地铁系统的扩建工程。该项目（自1972年开始建设）每英里耗资高达25亿美元。据估计，巴黎这样一个以高消费闻名的城市，与此类似的项目每英里耗资4.5亿美元。[11] 即便这是最好的项目，如果价格虚高，也就没有任何意义了。

正如第2章所述，政治进程最终决定了民选代表的行为和关注的焦点。要评价那些代表普通民众的民选代表，不仅要审视他们支持的政策，还要看他们是否具备以高效、省钱的方式实施这些政策的能力。玩忽职守不仅浪费金钱，而且还会让人质疑他们代表国家及民众进行明智投资的集体能力。

和私人借贷一样，部分政府借款可以促进经济增长，使人们的生活更幸福，最主要的是还能实现借贷的自我偿还。此外，另一部分借贷纯属浪费，除了产生债务负担之外便一无所获。例如，利用借贷补贴本就有利可图的企业或资助嗤之以鼻的军方装备。很难区分哪种借贷可以促进经济增长，哪种借贷是在浪费资源，而且这两种情况的借贷数额之高往往令人咋舌，也正因此，政府借贷已然成为各方政治力量争辩的焦点。我希望大家能利用本书的观点，正确认识这些问题，同时也能发现问题之所在。

国家债务的受益者

即使我们已经得出结论，相当于国民收入约107%的国家债务并不会对经济发展构成威胁，但如此庞大的债务到底会产生什么影响呢？何时、如何及向谁偿还国家债务自然已经非常明确了。下面将分别探讨国家债务的利息和偿还借款（本金）的相关内容。

国家债务利息

如前文所述，2020 年美国政府的利息总支出为 3450 亿美元，人均利息支出占比约为 1045 美元。这笔利息完全由你我这样的纳税人买单。谁获得了这些利息呢？简单来说，其中大部分利息都会用在像你我这样的纳税人身上。更详细的分析如下：

截至 2021 年 6 月，美国约 32% 的债务由外国人持有。[12] 这意味着剩余 68% 的债务由美国人自己持有，因此，68% 的利息会支付给美国人。即使不持有任何类型的政府债券，政府因债务利息支付的部分款项依旧会以银行账户的利息、养老金资产回报或货币市场基金利息等方式支付给美国公民。也就是说，68% 的国债利息由美国纳税人支付给其余美国人。

会有美国民众因此受益吗？有，但可能并不明显。低收入人群几乎不会持有政府债券，因此国债利息收入也就无从谈起了，这部分人群几乎没有养老金资产，他们缴纳的税款自然也就很少。高收入人群持有的政府债券更多，拥有的计息账户就更多，养老金资产也会更多，但大多数高收入人群（并非所有人，将在第 16 章中论述）的税收负担相对较高。因此，68% 的债务利息（通过税收获得）或多或少都是由购买债务的美国人支付。此时并没有出现巨额的财富转移。

支付给外国人的 32% 的利息的确会把美国人的消费能力转移给外国人。2020 年，所转移的消费能力相当于美国人均大约损失 334 美元。要从美国人均每年生产的 63 333 美元的商品和服务中分出 334 美元（占 0.53%）给其他国家的人，这得有多糟糕？无论大家如何看待这个问题，毋庸置疑，这离人们通常认为的经济危机仍然相差甚远。即使是对此怨声载道的政客，也对缩小预算赤字以减少外国人持有美国国债的兴趣不高。

持有这些美国债务的外国人是谁？答案几乎包括地球上各个国家的个人、企业和政府。[13] 我们经常听说美国欠中国很多钱。美国的未偿债务总额中，约4.8%由中国持有。（我敢打赌，大家认为实际占比肯定要比这高得多。而且大家肯定不知道日本和欧洲分别持有的美国国债比中国要多。）这至少说明，中国和许多其他潜在竞争者对美国及其经济的繁荣发展很感兴趣，或者可以说对此十分关注。此外，正如本书第6章所述，大部分流向外国人的美元又会以购买美国制造的商品和服务的形式回流到美国。

偿还债务

22.3万亿美元的债务的确是个天文数字，但每月只有其中一小部分到期，且均由政府偿还。投资者一直将美国国债视为存放资金最安全的方式之一，因此，美国能够以极低的利率发行债务。美国政府似乎与那些财大气粗、信誉可靠的借款人并无二致，但其实远胜于此。与其他任何借款人的不同之处在于，美国政府始终都有能力偿还债务——国会只需批准发行货币，就可以偿还那些即将到期的债券。如大家所知，根据美国现行的法律，这并不是货币发行的方式。但国会完全可以修改法律，由自己负责发行货币。退一步来说，国会有权发行新债券，并要求美联储购买这些债券，再用这些债券收益偿还旧债券。其他任何债务人根本做不到以上这两点。

美国的不同寻常之处在于政府发行的债务总量会受到限制。由于政府税收收入不足以支付其支出，因此美国政府需要不断发行债券来维持收支平衡。有的党派经常会要求国会提高债务限额，甚至出现过党派争执，几乎导致国会未能及时提高债务限额，以防止美国政府资金耗尽、拖欠债务。国会首先批准支出项目，然后再在数月或若干年后单独投票表决是否确实要为已批准的这些项目筹集资金，这样的运作体系无异于自找麻烦。

2011年,由于不确定国会是否会及时采取行动提高债务上限,避免债务违约,债务评级机构标准普尔(Standard & Poor's)将美国债务评级从最高、最安全的评级往下调一级。(包括德国和加拿大在内的其他几个国家的债务评级均为最高级。)美国主权债务评级下降并不会反映美国的经济状况,而是展现了彼时美国的政治局势。

幸运的是,截至本书撰稿时,对美债务投资仍然非常安全,而且美国政府仍然可以以极低的利率发行债务。值得注意的是,出现主权债务评级下调时,许多国会议员就会步步紧逼,不愿继续批准美国政府的借贷计划。即便是此前国会已经批准过的支出项目,也不例外。某种情况下,如果这种不确定因素持续存在,新增债务的利率很可能就会上涨。

如果出现错过提高债务限额的最后期限,且美国政府已构成违约的事实,政府债务的利率必然会飙升,为政府募集资金可能就会变得十分困难。我们难以预测这种情况下会出现什么状况。但是为了厘清来龙去脉,试想如果一个人的钱用光了,支付不了欠款会发生什么,然后再想一想如果大多数美国人都开始这样做,又会如何。

2021年年底,国会就是否有必要批准提高债务限额进行了看似常规的辩论,穆迪分析评估了如果他们未能及时采取行动可能产生的后果。[14] 穆迪分析预测,如果国会允许美国政府违约,将会带来"灭顶之灾"。具体来说,穆迪分析认为美国的实际国内生产总值将会下降近4%(价值超8000亿美元),失去近600万个工作岗位,失业率将飙升至9%,股价下跌近33%(15万亿美元的财富会随之蒸发),所有利率都会疯涨。穆迪总结道:"自美国国债不再是无风险债券以来,未来几代美国人将为此付出高昂的代价。"

美国前总统唐纳德·特朗普执政初期,秉持着与此截然相反的观点。他在推特(Twitter)上发文称,美国应该"开始实施债务再融资"。债务再融资指,为避免逾期还款而新增发一笔或多笔贷款,以还清之前的一笔或多笔欠款。如果贷款利率下降，实施债务再融资自然可以说得通，因为新增贷款比此前贷款的利率更低（因此需要支付的利息就会低于此前的贷款）。即便如此，只有原先贷款利率较高，且在到期之前允许以这种方式还款时，才有可能实施债务再融资这种谨慎的融资方式。抵押贷款是仅次于国债的第二大类债务，大多数抵押贷款都允许提前还款。因此，利率下降时，房主通常会通过抵押贷款再融资来减少月供。

但是，联邦政府发行的债券无法实现再融资，因为这类债券根本不允许提前还款。政府债券一般要求政府每年向债券持有人支付一定数额的利息，债券到期时需返还本金——不允许提前还款以减少政府支付的利息。因此，特朗普的提议根本无法实现。也许他担心美国政府会出现更糟糕的情况，好比一家濒临破产的企业不再能够偿还债务，而且与贷方达成削减欠款的相关协议。这样，濒临倒闭的企业和贷方就可以避免在破产诉讼上为争夺公司的资产而耗费更多的时间和开销。如大家所料，美国的处境与即将倒闭的企业截然不同，而我也真诚地希望美国始终能保持这种状态，不要进一步恶化。

尽管美国无法为其现有债务再融资，但从本质上讲，美国每月都在为到期偿还的部分债务募集资金。大家可以将国债视为循环债务：因为政府债券从未真正清偿过，也就是说旧债到期时，新发行的债券收益就可以抵消旧债的成本。总债务会不断增加，因为政府新发行的债券收益足以偿还旧债，以及持续不断的政府财政赤字支出。显然，如果国家债券持续增加，这是否最终会像空中楼阁一样终成幻影或像庞氏骗局一样最终崩溃呢？

任何债务结构是否会崩溃这一问题的答案应取决于支持该债务的收入的多少。庞氏骗局的始作俑者庞滋先生（Mr. Ponzi）和"现代庞滋"伯尼·麦道夫（Bernie Madoff）一样，根本就没有实际收入，也就是说他们根本无法创造任何价值，只是在不断地用新钱还旧债。一旦新钱不足，崩溃自然不可避免地随之而来。然而，仅 2020 年一年的时间，美国就创造了价值 20.9 万亿美元的商品和服务，而且很可能在接下来的几年里会创造更多的价值。

很多人认为，鉴于目前的利率较低，而且美国经济表现强劲，应该增加借贷和支出。《纽约时报》专栏作家、诺贝尔经济学奖得主保罗·克鲁格曼（Paul Krugman）主张实施大规模的基础设施建设计划，他认为该计划的投入成本必然低于其所能拉动的经济增长。

2021 年年底，国会通过了《基础设施投资和就业法案》（*Infrastructure Investment and Jobs Act*），对交通项目、高速互联网接入和环境改善等"硬件"基础设施资助金额高达约 1.2 万亿美元。随后国会还讨论了一项更为宏伟的计划，但没有通过，该项目力图加大被大多数人称为"人类基础设施"的投资，其中涵盖了儿童、教育、社会公益项目和医疗保健等诸多领域。这些项目与硬件基础设施项目一样，所产生的效益可能会远远超过投入的成本。

很遗憾，只因国债的名声不太好，许多意义非凡的投资项目并未能实施。但极具讽刺意味的是，攻击国债的人正是当初大量举债的同一批政客。众议院前议长保罗·瑞安（Paul Ryan）在其职业生涯中将财政赤字支出及为财政赤字所负担的债务视作魔鬼。尽管如此，他却在 2017 年通过的一项大规模减税举措方面发挥了重要作用，国会预算办公室预计该减税措施将在 10 年内使政府赤字增加 1.9 万亿美元。[15] 他和其他许多人选择牺牲下一代纳税人的利益，出资为富人减税。这种伪善的做法已经并将继续使美国及美国经济付出高昂的代价。

改善国家经济健康状况的政策是下面两章探讨的主题。

第 15 章 政策与收入：塑造更公平、高效的经济体系

> *有船才能乘风破浪。我们必须为百姓造船，为他们提供劈风斩浪的工具。*
>
> ——拉胡尔·甘地（Rahul Gandhi），
> 印度国会议员

促进公平、提高生产力

现代经济愈发趋于不平等、机会更少、愤懑更多，如何才能遏制这种现状进一步恶化呢？有人说："富人和其他人的区别在于富人有钱。"（很多人认为这句话值得称赞，但我并不这样认为。）之所以引述这句话，是因为我想提醒大家美国经济目前出现的不平等现象并非本就如此，这是美国社会选择的结果。不同的选择会造成不同的资源分配，并产生各种正面或负面的后果（鉴于美国对自身经济体系的报道颇多，大家应该可以预判到美国经济体系中的很多发展趋向）。

在做出这些选择时，应当将参议员伊丽莎白·沃伦（Elizabeth Warren）的观点铭记于心：

> 在这个国家，没人能仅仅依靠自己的力量就飞黄腾达。没人做得到。有人在某个地方建了一座工厂，这的确很了不起。但我想仔细分析一番。有人

用其他人出资修建的公路把货物运到市场上；有人雇用的员工都是其他人出资培养的；在工厂里之所以平安无事，是因为其他人资助的警察和消防力量在保护社会，也不必担心抢劫团伙会来夺走工厂里的所有东西……这样来看，大家建造的这座工厂后来发展成了优秀企业或者成就了伟大的构想——这样的企业必然会获利颇丰。但是潜在的社会契约规定，这个人会拿出一大笔钱，为下一个出现的宠儿做好铺垫。[1]

无论是政治派别的左翼（就像参议员沃伦一样）还是右翼（比如经济学家米尔顿·弗里德曼，他所提出的负所得税在下一章中会详细论述），确定某一观点是否合理的最佳方法是就事论事，仔细评价其中的优劣，而不是看是谁发表了这一观点。正是有了几代前辈辛苦建造的基础设施，以及他人的技能和辛苦努力，我们才能有所成就，这足以证实上述引文中的观点极其正确。否则，我们就会像生活在石器时代的古人一样，习惯了已有的舒适圈之后再也不思进取。这也就要求人们需通过纳税的方式反哺社会，并用这笔钱为更多人提供尽可能多的机会。这一要求并不过分。

本书的最后两章旨在确定哪些税收、支出和政策既可以平衡收入不均，又可以通过提高效率来扩大经济规模。为什么要有这两个目标呢？虽然仅通过转移分配的方式就可以轻松减少不平等现象，但同时也会造成工作热情降低、经济规模缩减的情况，进而降低所有人的收入。同样，为开发节省劳力的技术而减免税收可以提高生产率，但同时也可能会加剧不平等以及随之而来的所有弊端。

有可能实现增进公平和提高生产效率这两大目标的政策分为以下两类：第一类政策，可以使人们获得更多劳动报酬（同时可以保证就业），这类是本章重点探讨的内容；第二类政策，可以通过税收、支出和转移等方式改变收入分配制度，下一章会对此详细论述。

政策与收入

政府可以帮助人们提高工作收入（税前收入或享受政府福利之前所获得的毛收入）。政府如何才能帮助人们提高收入呢？主要通过制定最低工资标准的相关法律、制订政府就业计划及加大教育和培训的支持力度等方式。下文将对这几个方面逐一展开论述。

提高收入的相关法律

虽然收入不平等现象日益加剧，但联邦政府旨在提高低收入人群工资的政策几乎没有任何改变。实际上，近10年来，国家最低工资标准一直为每小时7.25美元（虽然也有许多州政府和地方政府颁布了更高的最低工资标准）。工会同样可以提高工人工资，但工会的权力已有所减弱。工会成员占比从20世纪50年代中期的35%降至10.8%，私有企业工会成员占比跌至6.3%。[2] 那么，既没有大幅提高最低工资标准，又没有颁布增强工人议价能力的相关立法，这有什么充分的理由吗？难道只是因为雇主的政治影响力吗？

实际上，这的确与雇主的政治影响力有很大关系。但是，即便雇主没有任何政治影响力，通过提高最低工资标准或加强工会职能来提高工资是否能有效缓解收入集中在社会顶层群体这一趋势呢？答案是肯定的，但作用极其有限。

高工资增加了人工成本，因此雇主更愿意通过自动化设备或将工作外包给工资较低的国家来降低成本，进而造成美国工人失业。政治领域较为"保守"的大多数经济学家（大多数这类经济学家是经验丰富的教授经济学的教师）都会用这一观点来驳斥提高最低工资标准的观点。

但是，在现实世界中，最低工资标准的小幅增长并不会造成失业，但的确可以增加低收入群体的收入，并且由于这些工人的支出增加，实际会对整个地方经济产生积极影响。此前的一项研究调查了1992年新泽西州最低工资从每小时4.25美元提高到5.05美元的影响。该研究对比分析了新泽西州和邻近的宾夕法尼亚州的快餐店就业状况，调研时宾夕法尼亚州的最低工资依然是每小时4.25美元。[3] 研究发现，与宾夕法尼亚州的同类餐厅相比，新泽西州快餐店的就业率增加了13%。

有时，通过最低工资标准立法或工会施压等方式提高工资反而会适得其反，因为这可能会加速应用自动化技术的进程或将工作岗位转移到工资较低的国家。这就是许多底特律汽车工人的惨痛经历，因为汽车制造商在第二次世界大战后的几十年里将汽车生产移出了这座城市，以追逐其他地方更廉价的劳动力成本。显然，许多服务性工作（如清洁工和园艺工）无法实现自动化。但是，技术进步将使更多工作岗位能够完全或部分实现自动化。（想想自动驾驶汽车对数百万出租车、卡车和公共汽车司机的潜在影响吧。）提高工资很可能会加速这些趋势。即使是工作无法被自动化取代的工人，也可能会因被自动化取而代之的其他工人参与岗位竞争而受到日益加剧的威胁。

此外，虽然并非转移全部工作岗位，但大部分岗位都可以转移到低工资国家。例如，根据美国服装和鞋履协会（American Apparel & Footwear Association）的数据，目前美国销售的超过97%的服装和98%的鞋类产品都由海外制造。[4] 就连许多服务类工作岗位也可以输出，比如许多美国公司的电话客服。但是，工作岗位的转移并非一无是处。如前文所述，外包可以为发展中国家极端贫困的人提供就业机会，有助于各国之间的联系更加紧密，促进国际合作。但是，外包确实减少了美国低技能（以及部分并非低技能）工作岗位的数量，因此，就目前的经济不平等的现状而言，美国的确为此付出了巨大代价。

即便提高工资，也无法避免员工因自动化或外包而失业，关键问题是谁来为这些高工资买单——是缩减利润空间的企业主还是花高价购买商品和服务的消费者？最近一项针对麦当劳餐厅的研究发现，适度提高最低工资并没有对节省劳力的触屏订餐技术产生任何影响，却造成麦当劳顾客要为价格更高的产品买单。[5] 当提高工资的成本转嫁给顾客时，增加收入给员工带来的好处就会减少，因为这些员工同样也要面对更高的商品价格。此外，对那些备受瞩目的问题，如资本和劳动力之间的收入分配，以及绝大多数工人和社会顶层群体的收入分配，也是毫无影响。

但是，在许多情况下，企业不能简单地以提高产品价格来弥补员工增长的工资，因为提高产品价格会流失部分客户。通常情况下，只要企业提高产品价格就会流失客户，但企业会因未流失客户购买加价后的产品获得部分利润。企业以提高产品价格的方式弥补员工的工资涨幅额度，只会减少企业主的利润，产品价格的提高造成客户流失，未流失客户支付的产品加价最多只能和增资成本相互抵消。

一旦增资成本无法转嫁给客户，增资支出必然会降低盈利能力，而且有可能阻碍新业务的发展，或者造成利润微薄的企业破产。例如，纽约市一些餐馆老板曾一度认为高房租是迫使餐馆倒闭的原因，现在他们转而开始认为当地最低工资标准提高到每小时15美元才是许多餐厅倒闭的罪魁祸首。由于最低工资提高，盈利能力强的企业的利润空间会缩减，但那些维系在生存线的企业，尤其是规模较小的企业，可能会因此而惨遭淘汰。企业倒闭不仅损害企业主和员工的利益，还会造成消费者可选择商品减少、就业机会减少，以及其余同行企业保持低价优势和竞争力的积极性遭受打击。

大幅提高最低工资的确可以显著减少收入和财富不平等，但可能会对就业率及整体经济造成负面影响。此外，由于剩余工作岗位的竞争加剧，就业机会的减少对那些薪水最低的人造成的伤害最大。在这种情况下，一些工人则会被迫接受非法低工资或其他形式的剥削。

显然，适度提高最低工资既可以为低收入工人解燃眉之急，还可以避免大部分上述问题。我敢肯定，大家肯定想知道最低工资"适度"增长的幅度如何把控。我和大家一样想知道。即便有些经济学家的预测能力斐然，但是我仍不相信他们能就此问题给出准确的答案。不过，同本书中提出的许多问题一样，这些问题的答案只有现实世界才能回答。只要这些负面影响利大于弊，政府都可以实施逐步提高最低工资的办法。前文已经探讨过这种"成本收益"，这也正是经济学家极其擅长的事。

好在有两种提高收益的办法可用，而且这两种方法都大有可为。下文将会详细论述这两种提高收益的办法。

政府就业岗位与基础设施

上文论述了提供政府保障性就业岗位可以抵抗经济衰退。那么这些理由足以说明，政府保障性就业岗位在任何时候都可以有所作为。政府保障性工作岗位增加了政府机构与私有企业之间的人才竞争，进而提高员工的工资收入。联邦政府保障性就业计划可以让政府支付的工资（比如每小时12美元或在生活成本较高的城市中设置更高的工资）成为实际上的最低工资标准——如果政府提供工资为时薪12美元每小时的工作岗位，私营雇主基本不太可能以低于这一时薪的工资雇用到能胜任同类岗位的员工。

与提高最低工资不同的是，联邦政府保障性就业计划并不会减少就业岗位的数量。任何因工资增长而遭私营企业淘汰的工人都可以在公共部门谋得一份新工作。政府保障性就业计划实际上可以增加就业机会。失业的原因有很多，有人是因为找不到工作而失业，也有人是因为当前的薪资水平不足以吸引他们去找工作。

这些保障性就业计划具体包含哪些工作岗位呢？首先，这些工作岗位有助于弥补美国基础设施投资不足。据美国土木工程师协会（ASCE）估计，

2020年至2029年间，美国将在道路、桥梁、给排水系统和其他公共设施上投资2.59万亿美元。[6] 2021年计划增加的基础设施建设支出顶多只能满足部分需求。日益老化的基础设施所耗费的成本巨大。例如，土木工程师协会的报告指出，由于城区的路况糟糕，平均每位司机一年要额外消耗599美元用于车辆的维修和运营。

美国各个地区的公共设施和服务（尤其是新建项目和老旧项目）改进和提升的空间巨大，因此完成改善这些基础设施的任务还需要大批工作人员加入。尤其是当政府有足够的工作人员能够提供免费或低价的托儿服务时，这些孩子的父母就可以进入劳动力市场，帮助国家发展经济。切记，并非只有有形的基础设施需要改善。在教育、培训或其他有利于生活福祉的领域雇用工作人员，与建设混凝土和钢铁的基建项目提供的就业岗位并无二致。

罗斯福新政就是因增加联邦政府就业岗位而受益良多的典型案例。近90年来，美国民众仍然受益于因罗斯福新政时期兴建的公园、道路、桥梁和其他公共设施。时至今日，想要规划改善美国基础设施的新项目，相关人员根本不必绞尽脑汁。如果这些新项目是为了维护和更新前几代人建造的老旧设施，那需要工人的工作岗位就更多了。

为了让这类增加就业岗位的项目获得支持，就必须要从克服"所有政府支出都是浪费"的观念开始。显然，与私营企业的支出一样，有些政府开支的确属于铺张浪费，有些则并非如此。那些认为根本不存在合理政府开支的人应该想想，为什么私营保险公司或医疗保健企业每年要在行政管理上耗资数千亿美元（私营企业在行政管理方面的支出，远高于政府医疗保健机构在这方面的开销）。[7] 或者，这些人也可以认真思考一下，为什么私营企业要耗资无数来讨好客户，让客户吸烟、喝含糖饮料或驾驶一些燃油效率极低的汽车。或者，还可以想想付给那些对冲基金经理的数十亿美元。

想要获得那些仍然认为政府支出纯属浪费的人的支持，诀窍自然是把政府支出用在改善公共设施和促进经济发展等肉眼可见的具体项目上，但这类项目只有在政府拥有足够多的劳动力的前提条件下才可能实现。最好的情况是，这些项目开销也都在他们认可的合理区间内。但倘若事实真如此，他们的看法可能又会有所不同。

提高劳动力质量

政府让人们提高收入的最具建设性的方法应该是资助开展高质量的教育、职业培训——经济学家将之称为"人力资本"。高质量的教育培训再加上高效可靠的政府，使几乎没有自然资源的国家变得国富民强。既缺乏高质量的教育培训，又没有高效可靠的政府，即便拥有丰富的自然资源，国家也会非常贫困。无论是通过财富、收入、总产出还是幸福指数来考量一个国家的繁荣程度，都无法比人口的受教育水平和技能水平更能说明国家的发展状况。

为什么会这样呢？因为对人口的投资不仅可以使人们直接受益，还可以提高生产效率，创造更多的经济产出。人均产出的高低是界定国家富裕程度的标准。人力资本是最有实力的资本形式，因为人力资本与其他类型的资本不同，学到的知识和技能既不可能被人夺走，也不可能对其征税。拥有人力资本还可以创造良性循环，可以改善家庭的生活质量、接受更好的教育、过上更健康的生活，从而为国家的经济发展做出更大的贡献。（良好的教育同样有助于人们辨别和支持能够改善经济体系的政策，以及选出可以将这些政策付诸实际的政治家——这也正是我期望本书能给大家带来的主要帮助之一。）切记，如果一个国家连教育政策都要再三讨论，危如累卵的就不仅仅是教育政策本身了。

有效改善教育产出既需要增加支出来提高教育质量，也需要解决许多美国人因种族和族裔问题而被剥夺受教育权利这一遗留问题。如果人人都能竭尽所能参与经济活动，人们会因此而受益。如前文所述，那些接受良好教育和技能培训的美国人在国际市场上自然会拥有更多机会，而且表现得也会极为优秀。然而，许多教育水平较低或技术水平较差的美国人都无法立足于国际市场，他们自然也就无法在经济中发挥更大的作用。基于公平及个人的经济利益，我们必须解决这种不平等问题，不应白白浪费人的潜能。

哪些教育项目可以带来最大利益是教育政策分析师的研究主题。至少如前文所述，各种针对改善低收入儿童的教育、制订健康和营养计划获得的利益远超实施这些政策的成本。而且，恕我直言，让年轻人生活得更有成效，同时还能为经济做出贡献的政策项目，可以降低这些年轻人日后为经济增负的可能性。这些项目虽然最终能带来收益，但在现阶段都需要大幅增加资金投入。这会让人联想到政府缓解经济不平等的另一利器：以收入分配为核心的财政支出和税收政策。这就是下一章的主题。

第16章 税收、支出和收入分配：政府在收入分配中的作用

> 我们可以在这个国家实现民主，也可以将巨额财富集中在少数人手中，但不可能让两者同时存在。
>
> ——路易斯·布兰代斯（Louis Brandeis），
> 美国最高法院大法官

收入再分配政策

政府总在不断重新分配收入（有时是故意为之，有时则出于无意），而政府有权控制重新分配收入的力度，即有权决定要征多少税，征税对象是谁，要支出多少，以及如何支出等问题。在详细论述税收和支出问题之前，我们必须先讨论一下在这种情况下经常被忽视的重要观点：各级政府在收入分配中扮演的角色。

美国民众有权随意选择定居地，尤其是富人更有能力充分利用这一权利。如果某个地方征收的所得税过高（例如，纽约市征收的国家和市级双重所得税可能超过收入的12%），人们就可以搬到另一个地方（例如，佛罗里达州不征收所得税）。因此，如果一个地区试图通过大幅提高所得税征收比重来重新分配高、低收入者（甚至无收入者）的收入，就会促使高

收入者搬离这个地区，而且会让低收入者或无收入者蜂拥而至。①在高收入者也选择搬离的极端情况下，即便当地政府提高税率，税收收入仍会有所下降。

那些大部分政府预算都依靠收入相对集中的少数纳税人的税款的城市尤其如此。例如，2018年，收入最高的1%的纽约居民的纳税额占该市税收总额的43.5%，贡献了纽约市向纽约州纳税额的50.5%，比纽约市低收入人群纳税总额的95%还要多。[1] 许多发达城市的纳税情况都是如此。

为避税而改变居住地并不像听起来那么困难。富人通常拥有多套房产，可以随意选择其中一套作为"主要居所"或"居住地"来确定缴纳所得税的具体地点。对于那些一年中在某地居住时间不到半年的人而言，只需填写"居住地申报表"就可以改变居住地。这也正是唐纳德·特朗普从纽约迁居佛罗里达州的原因，目的就是减少缴纳的税费（暂不论税费有多少）。如果在某个地方的居住时间超过半年，再想为避税而"搬离"居住地就会比较复杂。一个地方的所得税越高，当地人搬离该地的意愿就越强烈，因为人人都想把自己的"主要居所"安置在税费较低或不征收税费的地方。

离开美国就可以避开美国征收的所有税费（包括比各个地方政府所得税高出许多的联邦所得税），但这比变更居住地要复杂得多。要避开所有联邦税费，就必须正式放弃美国公民身份，交出护照，然后离开美国。此举并不会免除放弃美国公民身份之前应交税款的责任，也不会消减此后在美国获得的收入所应缴纳的税费，其中包括房租收益、社会保险或养老金

---

① 要找到提高各州和地方税率对富人迁移影响的相关资料极其困难，因为人们迁入或迁出某地的原因各不相同（何况一般情况下也不会有人深究其中的原因），而且富人每年的收入差异很大。斯坦福大学（Stanford University）的两名研究人员发现，部分证据表明1%~3%的适度增税可能造成居民迁移，但大幅增税对居民迁移"很可能会产生更大的显著性影响"。[2]

的收入等。而且退籍后还会被限制在美国停留的时间，在未加入其他国家的国籍前，这些人都会被认定为无国籍人士。显然，更换居住地既没有放弃美国公民身份、交出护照那么复杂，也没有那么极端。

在执行政策及尝试用创新方式解决民众需求方面，国家和地方政府的确发挥着重要作用。然而，如果从国家层面以增税的方式重新进行收入分配，效果应该更明显，因为国家征收的税费比地方的税费更高，且避税难度更大。因此，接下来，我将重点论述国家层面的税收和开支政策的各种变化。

税收

美国联邦政府的大部分收入都来自税收。2020 年，联邦政府 3.42 万亿美元收入中有 85.4% 来自民众的收入税，6.2% 来自公司税，其余来自消费税、遗产税等其他税种。[3] 联邦所得税税率由美国政府设定，而且税率会随时间变化。截至 2021 年，美国联邦所得税最高税率达 37%。[①] 而 19 世纪 50 年代共和党总统艾森豪威尔（Eisenhower）执政时期，联邦所得税最高税率竟然高达 91%（没错，这并非笔误）。同样身为共和党人的尼克松（Nixon）总统，在其任期内，最高税率居然也达到了 70%。经常被指责为"社会主义者"的民主党派奥巴马（Obama）总统执政期间，上任时的最高税率为 35%，卸任时为 39.6%（再一次说明这些所谓的政治标签毫无用处）。

企业所得税的税率也在不断变化。特朗普总统任期内，企业所得税的最高税率从 35% 降至 21%，企业的盈利能力因此而增强，企业主的收入增加，股价也在上涨。正如本书第 5 章所述，税收漏洞已让大多数公司以远低于此纳税标准的税率缴纳税费，甚至很多时候还有可能分文不缴。

---

① 这也被称为"最高边际税率"（marginal tax rate），是对所有（或最高）收入征收的税率。37% 所得税税率仅适用于个人报税收入在 518 401 美元以上或已婚夫妇共同报税收入超过 622 051 美元的人群。

要了解税收对收入不平等的影响，必须首先确定该税收的类型属于累进税、递减税还是统一税。累进税指纳税人收入越高，缴纳税率就越高，这样就会使税后收入更加均等。递减税指纳税人收入越高，缴纳的税率越低，会造成税后收入更加不平等。统一税指对所有纳税人以相同的税率统一征收，对收入是否均等不会产生任何影响。

大多数美国人认为美国税收总体上采用的是累进纳税的方式，即高收入人群所缴纳的税费相较于低收入或中等收入人群来说比例较高。这与2012年米特·罗姆尼（Mitt Romney）在竞选总统期间宣称"47%的美国人没有缴纳所得税"的观点一致。对罗姆尼来说，近一半的美国人"在依赖政府，因为他们认为自己是弱势群体，政府有责任关照他们，而且他们有权享受医疗保健、食物、住房等各种各样的福利"。[4]相信罗姆尼的统计数据真实可靠，但他的结论却大错特错了。

罗姆尼所说的税种正是"联邦所得税"。虽然联邦所得税是美国财政收入中占比最大的单项税收，但也只是美国不胜枚举的税目中的一项而已。例如，美国民众还要缴纳薪资税（用于支付社会保险，与联邦所得税一样，与个人收入挂钩）、销售税、财产税、赠予税、转让税、使用税、关税等。如果把联邦政府、各个州以及地方政府征收的所有税种（其中很多都与收入相关）全部累加起来，要比罗姆尼谈到的"联邦所得税"筹集的资金要多得多。可见，罗姆尼所提的"不缴纳联邦所得税的人都算老赖"这一说法并不完全正确，因为他并没有把所有其他的税种都统计在内。

加州大学伯克利分校的伊曼纽尔·赛斯（Emmanuel Saez）和加布里埃尔·祖克曼（Gabriel Zucman）将所有其他税种都做了统计。他们调查了美国各个收入群体对联邦政府、各个州以及地方政府纳税的总和。[5]结果发现，如果将所有税种统计在内，大多数美国人总收入的25%~33%都要用来纳税。他们还发现，亿万富翁缴纳的税费占其收入的比例并没有这么多，甚至比这低很多。他们甚至算出了亿万富翁纳税只占其总收入的23%。赛斯和祖克曼总结认为，除顶层群体所执行的属于递减税制外，美国的税收制度基本属于统一税制。公开的税收数据足以显示出美国富人阶层的递减税制，诸如杰夫·贝佐斯、埃隆·马斯克（Elon Musk）、迈克尔·布隆伯格（Michael Bloomberg）等顶级富豪，他们在近年来几乎没有纳税，而在此之前也几乎没有纳税。[6]

为什么低收入者比超级富豪的纳税占收入的比例高？虽然许多低收入群体的确没有缴纳罗姆尼提到的"联邦所得税"，但他们却被淹没在许许多多的其他递减税种之中。例如，由于低收入者与富人相比，他们的大部分收入都要用于消费（如前文所述，大部分富人的收入会用作存款或投资），相比之下，低收入人群最终缴纳的消费税自然也就比较高了。当个人收入达到132 900美元时，缴纳购买社会保险的薪资税的金额占收入的12.4%（其中员工和雇主各付一半）。如果收入超过这一额度，则不需要缴纳薪资税，毫无疑问，薪资税属于典型的递减税种。房屋的财产税就是对房屋的评估价值征收一定比例的费用。该税种与房主的收入无关。因此，如果房产条件基本相同，高收入群体支付的房产税占其收入的比例自然就会低于低收入者。

评估税收对可支配收入的影响时（换言之，人们缴纳所有税费后还剩下可供消费的资金），应考虑个人缴纳的总税款，而不是缴纳的单项税种的多少。由于税种繁多、详细数据获取困难及统计起来极为复杂，要精准评估税收对可支配收入的影响极具挑战性。例如，仅联邦所得税法就多达数千页，而解释该税法的法规、案例和评论更是数倍于此。如果我们对收入不平等（或者至少是对执行连贯的税收政策）深感忧虑，则说明这种税收系统亟须彻底改革。鉴于此，接下来我将对上文提到的四种主要税种分别详细论述。

联邦所得税

大多数并不知情的人都会认为 1913 年开始实施的联邦所得税应当属于累进税制。2020 年纳税年度，收入低于 24 800 美元的已婚夫妇或收入低于 12 400 美元的个人都不需要缴纳一分一毫的联邦所得税，甚至不需要提交纳税申报表。[7] 而收入超出这一额度的个人需要填写纳税申报表，并计算出相应的"应纳税所得额"，即扣除税法允许的抵扣项后的总收入。应纳税所得额的数值越大，当事人应缴纳的税率或"税级"就越高，这就是累进税制。

联邦所得税实际上是如何累进的呢？这本书已论述了很多宏观方面的经济内容，并尽量避开讨论不必要的微观细节。但涉及税收层面，真正的难点却恰恰在细枝末节处，联邦所得税法就是其中的典型。

实际上，富人的大量收入并没有纳入"应纳税所得额"的统计范围，这使联邦所得税表面上看似按累进税制纳税，但实际并非如此。一旦统计出应纳税所得额后，富人的投资收益也会按较低的资本收益税税率缴纳税款。大家应该还记得第 5 章的内容，工人获得的工资纳税税率总是要比投资者获得的资本收益税税率高。

要详细描述不计其数的联邦所得税并非按累进方式征税的例证可谓罄竹难书，因此我最终还是奉劝自己只用简短的篇幅举几个案例作罢。包括对冲基金高管[①]在内的投资经理，可以将自己的大部分收入算作资本收益而非工资收入，因此他们缴纳的税率比自己的秘书及大部分纳税人都要低。那些有幸继承财产或其他资产的个人所缴纳的税率（尤其是零税率）比这些投资经理缴纳的税率还低。[②] 住房抵押贷款产生的大部分利息可以减少应

---

① "对冲基金"一词通常是指利用极其复杂或深奥的投资策略的投资机构，通常会将诸如衍生品证券投资等投资策略与杠杆效应相结合。对冲基金的初衷是替代或对冲传统投资。
② 本章后文会详细探讨继承税和遗产税。

纳税所得额，所以与租房者相比，那些能够购置房产的人会因此而受益，而且购置的房产越昂贵，受益就越多。如前所述，股东在把公司收益兑付成股息或售出其股份之前，并不需要为此缴纳任何税费，但他们却可以利用这部分增长的投资价值获取贷款和其他利益。2021年白宫的一份报告显示，这些规定及税法的许多其他条款使美国400个最富有的家庭在2010年至2018年期间只需缴纳平均8.2%的所得税。[8]

造成这种不公平现象的是一个由薪酬丰厚的律师和会计师组成的行业，他们致力于为富人打造"避税天堂"。他们的目标是通过各种信托、离岸投资和其他复杂操作，帮助富人合理合法地减少应缴纳的税款。有时，他们的行为会从避税（即合法规避税款）变成逃税（也就是欺骗政府的违法行为）。由于美国国税局（Internal Revenue Service）裁员，因此查办、控诉及防范这类非法活动变得异常困难。

宾夕法尼亚大学法学院的娜塔莎·萨林（Natasha Sarin）、哈佛大学的劳伦斯·H. 萨默斯对欠税和税收执法做过大量的研究。[9]因此他们根据现状估计，美国政府根本无法在10年内获得7.5万亿美元的法定税收，那是因为收入最高的1%的人群正是占据至少70%的欠税份额的始作俑者。即便如此，美国的低收入人群与排名前1%的富人一样，仍有可能需要接受审计调查。他们还指出，即便是在税收执法上每花1美元就可以追缴超过11美元税收的前提下，也只有5%的收入超过500万美元的纳税人接受过审计调查。

纵容越来越多的美国人偷税漏税，由此带来的危害不仅让美国政府丧失了应得的财政收入，还会造成出现更多的纳税舞弊行为。[10]社会学家将这种现象称为"行为传染效应"，即一些人效仿他人行为的现象。然而，根本无须社会学家的学识，你就可以得出以下的结论：一些人看到他人逃税的现象越多，就越容易铤而走险。

曾有人问银行劫匪威利·萨顿（Willie Sutton）为何要抢银行，他回答说：

"因为钱在那儿。"如果要切实改变收入不平等的情况,提高所得税可能是最直接、有效且已久经考验的做法,而且所得税的所有纳税体系也都早已健全。只需要提高税率,取消投资收入的极低税率,就可以封堵大量收入和遗产避税的漏洞。

这些远非激进极端的举措。美国所得税税率向来较高(事实上,如前文所述,某些共和党总统执政期间,所得税率要高出许多),即便如此,美国依然欣欣向荣。例如,20世纪50年代,当时美国的所得税税率高达91%,美国经济的增速却明显比当下快许多,中产阶级的规模和人们享受到的经济福利也在不断增长。第二次世界大战至20世纪80年代中期,罗纳德·里根总统执政期间,也就是美国经济大幅增长的40年间,所得税最高税率从未低于50%。鉴于此,当今美国对高收入群体征收37%的所得税税率也就显得不过如此了。

回想第2章中曾提到的问题:"如果提高顶级高收入人群(如马克·扎克伯格、比尔·盖茨或杰夫·贝佐斯)的所得税税率,是否会阻碍他们(或与他们类似的顶级富豪)取得如此辉煌的成就呢?"同样,对高收入者征收较高的所得税税率是否会造成企业找不到足以胜任岗位的首席执行官,制片厂找不到明星来拍摄大片,科技公司找不到领导者来研发创新产品呢?收入最高的25位对冲基金经理的总收入比美国全国所有幼儿教师(约158 000名)[11]的总收入都高,对这些管理人员征缴更高的税费会使这些对冲基金无人管理吗?这些情况大概率并不会出现。

此外,由于美国的大多数高薪工作集中在金融领域,如果提高税率会造成一些最具发展潜力的大学毕业生不再对金融公司趋之若鹜,这难道真的是件坏事吗?如果对收入略高于518 401美元(目前个人所得税最高税率为37%)的人适度提高现有税率,而对收入远高于这一数额的人大幅提高现有税率(甚至接近艾森豪威尔总统任期内的91%),那么工作低迷情绪所造成的损害是否大于收入公平和更均衡的联邦预算带来的益处呢？20世纪50年代的例证及对顶级高收入群体行为的研究均表明，并不会这样。

增加高收入者的税率，并为低收入者提供免税或税收抵免，可以显著改善收入不平等问题。缓解诸如收入不均等问题的有效方法，往往十分简单，而且就在眼前，但那些安于现状的人（以及他们的游说者）却更愿意让人们相信并非如此。

财产税

为了减少不平等现象，一些国家还会征收另一种税：对个人财产征收一小部分税费（即个人拥有的所有资产，如房地产、艺术品、股票、债券和企业的总价值）。美国虽然没有财产税，但几乎每个城市都会对某一类个人财富征税，即对个人所有的房地产按期估价征收的房产税。也就是说，大多数人拥有的主要资产——房地产，按其价值每年都要缴纳一定的税费，但富裕阶层拥有的其他类型的资产，如股票、债券和其他金融资产，则不需要每年都纳税。

伯尼·桑德斯提议征收联邦财产税，他认为对净资产超过3200万美元的人应征收税率为1%的财产税，对个人资产超过100亿美元的人则按8%的税率征收。其他像伊丽莎白·沃伦这样的政治家也有类似的提案。因此，每年跟踪富人拥有的所有资产（如私有企业的股份、珠宝、艺术品和知识产权）并算出精确的资产估值极具意义。此外，大多数有关财产税的提议（如参议员桑德斯的提案）所涉及的财富值太高，大都只涉及1%的顶级富豪中的一小部分家庭。

另一个因财产税而产生的问题是，财产税的出现会刺激富人将其部分资产转移至其他国家，这样一来美国政府就很难跟踪这些资产。另外，对企业或农场的价值征税可能会给那些资金被套牢在企业中而没有资金支付税款的企业主造成困扰。虽然上述这些困难都可以解决，但这些问题让绝大多数国家对财产税望而却步，而且少数几个此前颁布过这类税种的国家也已将其废除。例如，2017年法国废除了财产税，此前法国政府调查发现，每天都有至少一名百万富翁因高昂的财产税费而离开法国，前往另一个对拥有大量财富的人更友善的国家定居。[12]

即便困难重重，财产税仍然有助于减少经济不平等。财富分配比收入分配更加不平等，因此，即便财产税并不完美，财产税的征税目标群体也仍然应集中在那些拥有更多资源的群体。虽然我们的观点与罗姆尼先生大相径庭，我们认为美国的税制总体对富人有利，但财产税同时也有助于消除美国税收体系的不妥之处。如果富人的纳税比例让民众觉得更公平合理，就会促进民众主动遵守税法、支持政府的新增计划，而且还能提高民众对政府的总体满意度。在物理学和生物学领域，"感觉"可能并不重要，但在经济学等社会科学领域却极其重要。

继承税和遗产税

人的死亡可能会产生两类税种。一种是继承税，就是继承资产应缴纳的税费。截至本文撰稿时，美国仍然没有继承税这一税种。美国联邦政府对因遗产获得的每一分钱都不征税（虽然有个别州政府会对遗产征税）。

对那些获得遗产的人来说，遗产免征税不仅听起来不错，现实情况甚至更好。继承遗产后将其售出所要缴纳的税费低于购置资产后再卖出的税费。为什么会这样呢？如前文所述，出售资产时，人人都需为所获得的利润缴纳资本收益税，换句话说，就是对出售价格超出购买价格的部分征税。如果某人售出了自己继承的资产，却没有为此付出任何代价，那么因此而获得的资金难道就不是利润吗？根据税法，这不属于利润。联邦政府只对继承资产后的增值部分征收资本收益税。

借助案例有助于阐明其中的利润有多显著:假设你和另一个人在10年前都以100美元的价格购买了一只股票。今年,那个人去世了,他把这只股票留给了自己的侄子。在葬礼的同一天,你和那个人的侄子都以1000美元的现价售出各自的股票。你应为900美元缴纳相应的资本收益税(这只股票的转让价格减去购买时的价格)。而他侄子则不需要缴纳任何税费,因为税法规定只对继承后增加的价值征税。(他侄子继承了这只股票,和你在同一天将其出售,而且这只股票的价值同为1000美元。)因此,那位侄子未出一分一毫便获得资产,也未缴纳分文税费,出售资产时缴纳的税款也比你或者他叔叔活着时售出资产应纳税额低。

另一种税种叫遗产税,是对逝者资产总值征收的税费,会在遗产被分配之前直接从遗产中扣除。2021年,美国联邦法律免除了第一笔1170万美元的遗产税。已婚夫妇的免税额将会翻一番,达2340万美元。城市研究所(Urban Institute)和布鲁金斯学会的税收政策中心估计,由于这些"宽容大度"的豁免政策和各种各样的税务漏洞,只有顶级富豪(尤其是2019年统计的前0.07%的美国富人)才会缴纳遗产税。[13]

2018年至2042年,预计美国的遗产继承价值将达到约70万亿美元。[14]据纽约大学法学教授莉莉·巴彻尔德(Lily Batchelder)估计,遗产税的平均税率为2.1%,而工作收入的平均税率为15.8%。[15]如第2章中所述,近60%的美国财富是由继承所得,若不出意外,这一占比很可能还会持续增高。因此,继承税和遗产税是避免利用遗产不断将财富聚集在上层群体中的有力举措。

与其他各类税种相比,继承税和遗产税最显著的优势在于不会影响任何实质性的经济活动。所得税会影响就业岗位,销售税会影响商品的销售,房产税会影响更多、更好的住房的开发。继承税和遗产税会对什么产生影响呢?难道是死亡吗?

毋庸置疑,人可以分为两类:死人和活人。因此,如果对死者征收较低的税就意味着要对生者征收较高的税。显然，随着财富和收入越来越向顶层人群集中，对这方面的改革时机已然成熟。

企业所得税

美国联邦政府在2020年的总收入为2120亿美元，其中企业利润纳税仅占其中的6.2%。[16]美国税务基金会（Tax Foundation）估计，企业在提交纳税申报表、遵守企业所得税极其复杂的规章制度方面，每年（除了实际纳税支出外）要花费1470亿美元。[17]暂不论这些数字是否准确无误，根据我的个人经验判断，合规纳税会耗费大量的时间、精力和金钱。对于规模较小的公司而言，合规纳税的负担更重，因为无力聘请专职会计师及帮助其合理避税的税务律师。

前文已经提到有很多大型企业利用复杂税法及其中的大量纰漏，大幅降低自身缴纳的税费，甚至在很多情况下不缴纳分毫税费。那么，是否应该增加对企业的税费呢？增加企业的税费虽然可以获得赋税收入，但同时也会耗费更多用于合规纳税和避税的资源。此外，由于企业可以将成本转嫁给客户，增加企业税赋意味着人们购买的商品和服务价格也会随之上涨。

因此，政府可以取消所有企业利润相关的税种，只需增加个人投资收入税，就足以完全弥补税收损失，甚至还能获得更多收入。这样，企业可以节省数十亿美元；国税局的负担也可以大大减轻，同样节省数十亿美元；想方设法钻公司税法漏洞的情况不再出现；大企业通过游说获得的特殊税收优待不复存在；美国的营商环境就会变得更简洁、更有利可图，进而还会创造更多的就业机会、吸引海外投资，同时美国政府又不会损失任何（或实际获得）赋税收入。富人可能需要缴纳更高的税费，但经济活动和企业盈利能力的增长足以弥补这类人缴纳的税费。

鉴于本书力图以简单易懂的方式简述美国经济，因此充分论述复杂的企业税收问题务必会占用太多的篇幅，而且可能会失之偏颇。那为什么还要论及这方面的内容呢？完全取消企业税及在其他方面提高税收以弥补财政损失，这种做法很可能会被视为右翼行为或"保守"政策，因此，本书部分读者可能会直截了当地拒绝这类做法（其他读者也可能会断然否定本书中讨论的某些通常被视为左翼行为或"激进"政策的内容）。因此，谈及企业税收方面的问题也是为了强调本书中的核心观点：无论某一政策被视为左翼还是右翼行为，都无关紧要。至关重要的是政策的利与弊——政策是否合理，是否可以推动经济增长，以及是否能够创造机会。将企业的纳税负担从企业转向投资者就可以推动经济增长、创造更多机会，对小企业而言更是如此。因此，任何可能出现的利好政策，无论源自何处或是贴上何种政治标签，都需要仔细斟酌一番。

支出

20 世纪以前，美国联邦政府的支出很少，也没有任何安全保障计划。例如，20 世纪 30 年代，美国联邦政府的支出仅占美国国内生产总值的 4.9%，而到 21 世纪的前 10 年，这一占比增长至 16.4%。[18] 在过去的 100 年间，美国政府实施了一系列旨在帮助中低收入群体的计划，尤其是在 20 世纪的 20 年间，这类计划的支出大幅增加。20 世纪 30 年代颁布了社会保险制度（政府最大的单一支出项目，年均支出超 1 万亿美元），以及罗斯福总统的新政计划，这些举措在经济大萧条后大幅增加了基础设施支出（从而创造了就业机会，提高了薪资水平）。20 世纪 60 年代，美国政府实施了"向贫困宣战"计划，其中包括医疗补助计划（为贫困人口提供的医疗保健服务）和老年医疗保险计划（为 65 岁以上的老人提供的医疗保健服务）。这些医疗卫生项目构成了美国政府的第二大主要支出（年均支出也超过 1 万亿美元）。

为详细了解美国联邦政府支出，以 2019 年为例，即新冠疫情影响财政预算的前一年，美国联邦政府共支出了 4.4 万亿美元。其中，47% 用于社会保险、医疗补助计划和老年医疗保险计划（上一段讨论的项目），16%用于国防和国际安全援助，8%用于贷款利息，8%用于联邦政府退休人员和退伍军人的福利，8%用于安全保障计划（包括失业保险、食品券、学校膳食、低收入人口住房和儿童保育援助等项目），13%用于其他所有项目（包括交通基础设施、科学和医学研究，以及联邦政府对教育的资助）。[19]

如前文所述，诸如企业救助资金和补贴等支出既有可能进一步恶化不平等现象，又有可能对提高生产力毫无作用，而类似医疗保险和教育资助计划等支出既可以促进经济公平、提高生产力，还可以收回成本。鲜少有人提到，许多促进经济公平的支出，同时也可以直接惠及企业。由于所有的生产都依赖资本（设备）和劳动力这两方面的投入，普及医疗保健和提供优质教育可以提高劳动力质量，进而提高生产力。所有精明的商人都会让设备保持良好状态，或直接淘汰老旧设备。如果这些精明的商人对劳动力和这些机械设备做不到一视同仁，即这些精明的商人对工人的健康状况和实用技能不闻不问，民众就要质疑他们是否真的很精明了。

有些政治家还提出"全民基本收入"（UBI）的提案，即为每个公民提供不附加任何条件的基本收入。2019年参加民主党总统候选人初选的杨安泽（Andrew Yang）就曾提出为每名成年美国人提供1.2万美元的全民基本收入。而这笔支出一年就要消耗约2.8万亿美元，大大超过除社会保障计划、医疗补助计划和老年医疗保险计划之外的各项联邦政府支出。[20]如果不削减上述三个项目的支出，政府就会囊中羞涩，无法负担道路、教育、科研、住房、外交事务、执法或国防等各个方面的开销；如果不采取大幅提高税收的措施，对一系列必要支出（如偿还债务、退伍军人和联邦工作人员的养老金等）同样也无法承担。即便美国政府对其有权削减的各项开支分文不花，筹集到的资金仍不到每年人均1.2万美元的全民基本收入所需资金的一半。[21]

杨安泽确实也提出了一系列新增税种的建议，其中包括一项主要的新增值税，这一税种属于"销售税"。如前所述，销售税通常会对低收入人群造成更大的打击，因为他们的支出占总收入的比重比富人更大。他还假设了可能会出现的经济增长情况，大多数倡导新的巨额支出计划的人也都是如此。但是，全民基本收入带来的任何增长，都可能会被大额消减资金的其他政府项目导致的低增长所抵消，尤其是支持教育、科研和基础设施建设的相关项目。全民基本收入这一提议也可能会对经济增长造成打击，因为有些人可能会因为工资有保障而减少工作时间。关键问题是该计划的资金根本就不可能筹措到位。[22]

即使有了充足的资金，向大多数经济状况良好的成年人发放1.2万美元的支票难道是政府开支的明智之举吗？这项全民基本收入计划中的大约1.4万亿美元将会发放给收入高于中位数的家庭。此外，给挣扎在温饱线的成年人发放1.2万美元的支票也很难解决他们的根本问题，尤其是在政府为了实施这一计划大幅削减其他项目支出的情况下。平心而论，杨安泽提出的"全民基本收入"的提案在未来的某一天有可能实现。到那时，自动化技术应用于大多数的工作岗位，国家需要的生产日常生活所需的所有商品和服务的劳动力早已大幅度减少。全民基本收入计划在对人力资源需求大幅减少的经济体系中切实可行。而且，将资金主要用于资助那些亟须帮助的人，以及用在可以产生最佳效益的地方，才是意义非凡的事。

"联邦所得税抵免"就是针对中低收入者的帮扶计划的典型案例，这项抵免计划在2017年通过税收系统产生了近630亿美元的利润。如果你要获得税收抵免的资格，必须有工作。2020年，抵免额度从538~6660美元不等，主要取决于个人工资和受其供养的人数。如果税收抵免超过了个人应纳税的金额，还会收到一张扣除应纳税额后剩余资金的支票。令人意想不到的是，这种利用联邦政府资金补贴低薪工人并帮助减轻收入不平等造成影响的做法得到了共和党和民主党的共同支持。因此，扩大抵免范围不仅可以造福工薪阶层，而且同时有益于缓和政治环境。

20世纪60年代初，共和党总统罗纳德·里根的经济顾问米尔顿·弗里德曼和保守派英国首相玛格丽特·撒切尔（Margaret Thatcher）提出了一项更为重要的直接解决收入不平等问题的计划。根据弗里德曼提出的"负所得税"提案，如果人们的收入低于一定标准，就可以从政府获得支票，而不必纳税。收入越低，支票金额就越大。支票金额是以个人收入低于这一标准的程度按百分比计算得出的。例如，假设该计划的收入标准设定为5万美元，负所得税的百分比设定为25%。那些挣了3万美元的人，比5万美元的标准收入少了2万美元，因此会得到5000美元的支票（即2万美元差额的25%）。如果某人的收入为0，那么他的收入比标准值低5万美元，因此将会得到1.25万美元的支票（即5万美元差额的25%）。收入超过5万美元的人仍需一如往常地缴纳税费（并不会像大多数全民基本收入项目那样收到政府的支票）。

负所得税与全民基本收入计划不同，负所得税可以根据需要分配资金——资金需求越多，获得的资助就越多。负所得税与联邦所得税抵免也不同，任何美国成年公民都有资格享受负所得税，并非仅限于有工作的人才可申报。弗里德曼认为负所得税是一种简单易行的减轻贫困的行政干预手段，同时还依旧能使人们保持工作热情，以及拥有为国家经济发展贡献力量的强烈愿望。上文这一案例中，低收入者多挣的每一分钱，其中的75%都可以保住——这与中高收入者税后所得的占比相当，而且对预算有限的人来说，这可能是一种强有力的工作激励措施。

米尔顿·弗里德曼的观点深受"保守派"人士的欢迎，尽管他的计划按当今标准会被视作"自由派"的作为，但也进一步说明，随着时间的推移，政治标签已被曲解到无法描述任何条理清晰的观点的境地。这还说明自20世纪60年代以来，也就是自弗里德曼开始治学以来，美国的政治早已时过境迁。恕我直言，政治对解决不平等问题的能力影响极大，这正是下一节中我们要进行探讨的主题。

收入分配的政治

想要说服他人支持某项政策，语言表达的技巧至关重要，甚至会影响到他人的决定。例如，有人问及对堕胎权的看法时，如果对方问"你是否支持未出生婴儿的生命权"，而不是问"你是否支持女性对自己身体的选择权"，人们对这两种问法的反应可能会截然不同。谈到同性婚姻时，如果对方问"你是否支持同性婚姻"，而非询问"你是否支持政府干预个人的择偶权"，人们的反应肯定也会不同。问及继承税时，如果对方问"你是否支持死亡税"，而非问"你是否支持富人可以免税继承数百万美元的遗产，而工薪阶层却必须缴纳更高的税费"，人们的反应也必然不同。

本书一开始就提出了诸如"资本主义""社会主义""共产主义"，以及其他各种"主义"等充斥着假设、先入为主的观点和术语，运用这些概念实际上可能既会妨碍人理解，又让人难以辨识哪些政策在现实世界中效果最佳。同理，收入的"再分配"一词也是如此，"再分配"这一过程界定为从"赚取"收入的人手中"获得"资金，再将这笔资金"给予"那些无收入的人。用到这些词语可能会让人（有意识或无意识地）以为收入分配的方式本身就公平、真实及合理。人们越认为收入分配公平合理，就越不可能支持向部分人增税为其他人谋福利的政策。

这对大多数决策者来说尤其如此，他们通常都是在现行规则下取得成功的人，而且资助他们竞选的出资人同样也是在现行规则之下发家致富的。因此，这部分人必然更重视和尊重现有规则下产生的结果。他们愿意将自己的成功归咎于自身的努力，而不是周遭的环境使然。同样，他们更喜欢把他人的失败说成个人堕落的原因，而对个人的生存环境只字不提。这些人之所以能成功，可能的确是因为做出了正确的选择，但是这些成功人士的选择机会往往也更多。

在客观、公平、真实的过程中，经济上取得飞黄腾达与个人的努力和智慧并不成正比。正如本书第 2 章所述，个人收入受到种种不可控的个人因素的巨大影响，例如就读的学校、成长的社区、父母的资源、接受的医疗保健，以及极其重要的运气等。各种社会因素同时也会对个人收入产生举足轻重的影响，如政府政策、就业时的经济状况、就业岗位对各种技能的要求、消费者偏好、种族/族裔/宗教/性别偏见，以及同样非常重要的运气等。

与其将政府税收和支出政策单独列为导致收入"再分配"的原因，不如让自己认清政府颁布的政策只是收入"分配"混乱过程的一部分而已。为便于理解，我也按照惯例，把收入"再分配"说成税收和支出政策（尽管我在本节标题和本章标题中确实避开了"收入再分配"这一术语）。然而，"收入再分配"这一术语及其所包含的假设或许会削弱读者对提高税收以缓解收入不平等的支持。这些政策被一些人打上"社会主义"的标签时，尤其如此。所有这些引述可能会削弱人们客观评估政策及其影响的能力。

无论最终真正能把多少钱收入囊中，都是无数因素共同作用的结果。在这些因素中，诸如努力勤奋和聪明能干这类因素，我认为是最公平的。其他一些因素，比如家庭财富、种族和运气，我认为是不公平的。还有税收这类因素，我会对此持中立态度。但是，如果要做出理性和有益的经济决策，应认清所有这些因素的本质：这也是复杂的收入分配过程的一部分。

倘若要用贬损的语言来描述其中一种主要因素，可能会是这样的：税收就是"马后炮"，只是"再做一遍"修正过程的结果，这会让人感觉税收对收入的影响似乎比其他任何因素都更不合理。只有把税收和所得税看作确定收入过程的有效组成部分，才能实现本书的目标，即能分辨创造机会，促进美国经济增长，增强人们对美国经济体系信心的最佳政策。

后 记

这不是结束，甚至也并非已然拉开了结束的序幕。但或许，这是序幕的终结。

——温斯顿·丘吉尔

这本书最初的书名是《行动者经济学》（*Economics for Activists*）。我打算主要介绍那些被美国经济体系困扰的人，他们虽深受困扰却仍然保持乐观的心态、主动求变，坚信自己可以控制必然会出现的变化。

新冠疫情期间，我把书名改成了《读懂经济学》。疫情进一步揭示了美国经济体系功能失调的严重程度。政府虽然向企业提供了数十亿美元的经济援助，但许多儿童仍然无法接入互联网在线学习；股市暴涨的同时，数百万人失业。唐纳德·特朗普推出了一项为富人减税的政策，但数以千万计的工人甚至无法获得医疗资源和诊断检测，而医疗和检测可以确定这些工人是否患有可能会造成同事和客户死亡的流行病。我意识到如果要出现实质性的积极变化，仅仅依靠自认为积极主动的行动者的支持还远远不够，而是需要更多了解美国经济体系的人齐心协力共同改善美国经济现状。

媒体对经济问题的探讨往往由各种表情严肃的人所主导，他们对经济走向高谈阔论，而且还会极其自信地预测未来经济的发展情况，并提出相应的政策建议。其中，不乏龌龊之辈利用大多数人缺乏对经济的了解这一缺憾，把自己的个人经历装扮成招财进宝的圣经；也有笃信只要分析数据足够充分，再将数据输入足够多的公式中（并且还能吸引足够多的媒体关注），就可以得到最佳解决方案的顽固不化之流。

如前所述，预测经济学和预测其他社会科学一样，都会涉及对人类行为的预测。而预测人类行为极其困难，因为人们的所说、所想及行为所表现出的内心世界是三件截然不同的事情，而且每一件都会随着环境变化而有所不同。经济学家约翰·肯尼斯·加尔布雷斯曾坦言相告："经济学家之所以能预测经济发展，不是因为他们真能预知未来，而是因为有人让他们这么做。"

即便困难重重，人们仍然需要做出最佳预判才能拥有更加美好的未来。因此，我们至少需要了解经济体系如何运作的基本知识才能做出判断，我希望这本书除了提供这些基本的知识外，还可以让读者具备对现实世界的敏锐洞察力；我希望书中的大部分内容都能立即使读者有所感悟，且持续为大家所用。

2016年，唐纳德·特朗普在为自己拉票的演讲中问道："你能有什么损失呢？"纵观历史，因经济崩溃而殒命的人不计其数，社会动荡甚至大规模屠杀也会接踵而至，这些都是我们可能失去的东西，但如今却几乎没有几个美国人能意识到这一点。我希望人们不应遗忘历史——社会中嘈杂的噪声不会淹没过去，历史可以激励人们了解世界的本真，利用自身的知识让世界变得更加美好。

是沿着脚下的路继续前行，还是选择一条更好、更公平的道路，完全取决于大家——本书的读者。博览群书、努力学习，再加上细心观察，就能够拥有对现实世界中的万事万物去伪存真的能力。运用自己学到的知识，将自己打造成积极变化的拥护者；勇于批驳那些盗名欺世之人，全力支持拥有伟大构想的候选人，敢于为了目标抗争到底，或身体力行参与公职岗位的竞选。如果只是袖手旁观，让那些缺乏洞察力和理解力的人来发号施令，那么持续的繁荣只可能是海市蜃楼，我们珍爱备至之物也终将消逝。

注 释

第 1 章

1. Federal Reserve Bank of Dallas. "Time Well Spent, The Declining *Real* Cost of Living in America, 1997 Annual Report, Federal Reserve Bank of Dallas." Accessed December 15, 2021. https://www.dallasfed.org/~/media/documents/fed/annual/1999/ar97.pdf.
2. Worstall, Tim. "The Story of Henry Ford's $5 a Day Wages: It's Not What You Think." *Forbes Magazine,* December 10, 2021. https://www.forbes.com/sites/timworstall/2012/03/04/the-story-of-henry-fords-5-a-day-wages-its-not-what-you-think/#364a6c23766d.
3. Kniesner, Thomas J. "The Full-Time Workweek in the United States, 1900–1970." *Industrial and Labor Relations Review* 30, no. 1 (October 1976). https://doi.org/10.2307/2522747.
4. Organisation for Economic Co-operation and Development ("OECD"). "Average Annual Hours Actually Worked per Worker—OECD Statistics." Accessed December 15, 2021. https://stats.oecd.org/Index.aspx?DataSetCode=ANHRS.
5. U.S. Bureau of Labor Statistics. "Employment by Major Industry Sector." September 8, 2021. https://www.bls.gov/emp/tables/employment-by-major-industry-sector.htm.
6. Amadeo, Kimberly. "What Real GDP per Capita Reveals about Your Lifestyle." *The Balance*, September 17, 2020. https://www.thebalance.com/real-gdp-per-capita-how-to-calculate-data-since-1946-3306028.
    Also: Federal Reserve Bank of St. Louis. "Real Gross Domestic Product per Capita." Federal Reserve Economic Data (FRED), November 24, 2021. https://fred.stlouisfed.org/series/A939RX0Q048SBEA.
7. Newport, Frank. "Democrats More Positive about Socialism than Capitalism." Gallup, November 20, 2021. https://news.gallup.com/poll/240725/democrats-positive-socialism-capitalism.aspx.
8. Edelman. "2020 Edelman Trust Barometer." Accessed December 15, 2021. https://www.edelman.com/trust/2020-trust-barometer.

第 2 章

1. This 60 percent figure is from: Alvaredo, Facundo, et al. "On the share of inheritance in aggregate wealth, Europe and the United States, 1900–2010." Paris School of Economics, October 29, 2015. http://piketty.pse.ens.fr/files/AlvaredoGarbintiPiketty2015.pdf.
    Due to data limitations, there are varying estimates of the amount of wealth that is inherited.
    See also: Davies, James B., and Anthony E. Shorrocks. "The Distribution of Wealth." *Handbook of Income Distribution*, Volume 1. Elsevier Science B.V., 1999. https://eml.berkeley.edu/~saez/course/Davies,Shorrocks(2000).pdf.
2. Greenstone, Michael, Adam Looney, Jeremy Patashnik, Muxin Yu, and The Hamilton Project. "Thirteen Economic Facts about Social Mobility and the Role of Education." Brookings, November 18, 2016. https://www.brookings.edu/research/thirteen-economic-facts-about-

social-mobility-and-the-role-of-education/.
3. Bhutta, Neil, et al. "Disparities in Wealth by Race and Ethnicity in the 2019 Survey of Consumer Finances." Board of Governors of the Federal Reserve System, September 28, 2020. https://www.federalreserve.gov/econres/notes/feds-notes/disparities-in-wealth-by-race-and-ethnicity-in-the-2019-survey-of-consumer-finances-20200928.htm.
4. Poleg, Dror. "The Winners of Remote Work." *New York Times*, August 31, 2021. https://www.nytimes.com/2021/08/31/upshot/remote-work.html?searchResultPosition=1.
5. Federal Reserve Bank of St. Louis. "Gross Domestic Product: Manufacturing (NAICS 31–33) in the United States." FRED, October 1, 2021. https://fred.stlouisfed.org/series/USMANNQGSP. Output is measured in dollars.
6. OECD. "OECD Income (IDD) and Wealth (WDD) Distribution Databases." Accessed December 15, 2021. http://www.oecd.org/social/income-distribution-database.htm.

第3章

1. Segal, David. "Going for Broke in Cryptoland." *New York Times*, August 5, 2021. https://www.nytimes.com/2021/08/05/business/hype-coins-cryptocurrency.html.
2. Sharma, Rakesh. "Three People Who Were Supposedly Bitcoin Founder Satoshi Nakamoto." *Investopedia*, September 8, 2021. https://www.investopedia.com/tech/three-people-who-were-supposedly-bitcoin-founder-satoshi-nakamoto/.
3. CoinMarketCap. "All Cryptocurrencies." Accessed December 15, 2021. https://coinmarketcap.com/all/views/all/.
4. Federal Reserve Bank of St. Louis. "Currency in Circulation." Data for November 2021. FRED, December 9, 2021. https://fred.stlouisfed.org/series/CURRCIR.

第4章

1. Federal Reserve Bank of St. Louis. "Table 1.1.5. Gross Domestic Product: Annual." FRED. Accessed December 17, 2021. https://fred.stlouisfed.org/release/tables?rid=53&eid=41047.
2. Federal Reserve Bank of St. Louis. "Real Gross Domestic Product." FRED, November 24, 2021. https://fred.stlouisfed.org/series/GDPC1.
3. The Gini index is also known as the Gini coefficient. The only difference is that the latter is expressed on a scale of 0 to 1.
4. All Gini indexes are from: The World Bank. "Gini Index (World Bank Estimate)." Accessed December 17, 2021. https://data.worldbank.org/indicator/SI.POV.GINI.
5. The World Bank. "GDP per Capita (Current US$)." Accessed December 17, 2021. https://data.worldbank.org/indicator/NY.GDP.PCAP.CD.
6. Social Progress Imperative. "Social Progress Index 2021." Accessed December 17, 2021. https://www.socialprogress.org/static/9e62d6c031f30344f34683259839760d/2021%20Social%20Progress%20Index%20Executive%20Summary-compressed_0.pdf.
7. All figures in this paragraph are for 2020 and are from: Bureau of Economic Analysis, U.S. Department of Commerce, "National Income and Product Accounts, Table 1.1.5. Gross Domestic Product." November 24, 2021. https://apps.bea.gov/iTable/iTable.cfm?reqid=19&step=2#reqid=19&step=2&isuri=1&1921=survey%20and%20are%20for%20the%20First%20Quarter%20of%20 2021.

8. The White House. "Historical Tables, Table 1.1—Summary of Receipts, Outlays, and Surpluses or Deficits (-) as a Percentage of GDP: 1930–2026." Office of Management and Budget. Accessed December 17, 2021. https://www.white house.gov/omb/historical-tables/.
9. Edwards, Chris. "Government Spending Could Top $9 Trillion." Cato Institute, January 26, 2021. https://www.cato.org/blog/government-spending-could-top-9-trillion.
10. Congressional Budget Office. "The Federal Budget in Fiscal Year 2020: An Infographic." April 30, 2021. https://www.cbo.gov/publication/57170.
    Also: U.S. Office of Management and Budget. "Budget of the United States Government—Fiscal Year 2022." March 17, 2021. https://www.govinfo.gov/content/pkg/BUDGET-2022-APP/pdf/BUDGET-2022-APP.pdf.
    Also: U.S. Department of Agriculture. "Government Payments by Program, Data Products, Farm Income and Wealth Statistics." Accessed December 17, 2021. https://data.ers.usda.gov/reports.aspx?ID=17833.

第 5 章

1. Manyika, James, et al. "A New Look at the Declining Labor Share of Income in the United States." McKinsey Global Institute, May 2019. https://www.mckinsey.com/~/media/mckinsey/featured%20insights/employment%20and%20growth/a%20new%20look%20at%20the%20declining%20labor%20share%20of%20income%20in%20the%20united%20states/mgi-a-new-look-at-the-declining-labor-share-of-income-in-the-united-states.pdf.
2. Federal Reserve Bank of St. Louis. "Gross Domestic Product." FRED, November 24, 2021. https://fred.stlouisfed.org/series/GDP.
    Also: U.S. Social Security Administration. "Measures of Central Tendency for Wage Data." Accessed December 15, 2021. https://www.ssa.gov/oact/cola/central.html.
3. Manyika, James, Jan Mischke, Jacques Bughin, Jonathan Woetzel, Mekala Krishnan, and Samuel Cudre. "A New Look at the Declining Labor Share of Income in the United States." McKinsey & Company, May 30, 2019. https://www.mckinsey.com/featured-insights/employment-and-growth/a-new-look-at-the-declining-labor-share-of-income-in-the-united-states.
    Also: Our World in Data. "Labour Share of Gross Domestic Product." Accessed December 15, 2021. https://ourworldindata.org/grapher/labour-share-of-gdp?tab=table.
4. Federal Reserve Bank of St. Louis. "Households and Nonprofit Organizations; Net Worth, Level." FRED, December 9, 2021. https://fred.stlouisfed.org/series/TNWBSHNO. The assets that compose wealth are measured at fair market value.
5. Amazon. "Notice of 2021 Annual Meeting of Shareholders & Proxy Statement." Accessed December 15, 2021. https://s2.q4cdn.com/299287126/files/doc_financials/2021/ar/Amazon-2021-Proxy-Statement.pdf.
6. Gardner, Matthew, Lorena Roque, and Steve Wamhoff. "Corporate Tax Avoidance in the First Year of the Trump Tax Law." Institute on Taxation and Economic Policy, December 16, 2019. https://itep.org/corporate-tax-avoidance-in-the-first-year-of-the-trump-tax-law/.
7. Kent, Ana Hernandez, Lowell Ricketts, and Ray Boshara. "What Wealth Inequality in America Looks Like: Key Facts & Figures." Federal Reserve Bank of St. Louis, August 14, 2019. https://www.stlouisfed.org/open-vault/2019/august/wealth-inequality-in-america-facts-figures?utm_source=Federal%2BReserve%2BBank%2Bof%2BSt.%2BLouis%2BPu

blications&utm_campaign=ceefe4b9eb-HFSAlert_6-16-2020_COPY_01&utm_medium=email&utm_term=0_c572dedae2-ceefe4b9eb-57450077.

8. Congressional Budget Office. "Trends in Family Wealth, 1989 to 2013." August 18, 2016. https://www.cbo.gov/publication/51846.

第6章

1. The World Bank. "GDP (Current US$)." Accessed December 17, 2021. https://data.worldbank.org/indicator/NY.GDP.MKTP.CD?locations=1W.
2. Population Reference Bureau. "PRB's 2020 World Population Data Sheet." October 4, 2021. https://interactives.prb.org/2020-wpds/.
3. Board of Governors of the Federal Reserve System. "How Much Does It Cost to Produce Currency and Coin?" March 9, 2021. https://www.federalreserve.gov/faqs/currency_12771.htm.
4. Board of Governors of the Federal Reserve System. "Currency in Circulation." FRED, December 9, 2021. https://fred.stlouisfed.org/series/CURRCIR.
5. See, for example: Anderson, Richard G., and Marcela M. Williams. "How U.S. Currency Stacks Up—at Home and Abroad." Federal Reserve Bank of St. Louis, Spring 2007.
6. Federal Reserve Bank of St. Louis. "Table 1.1.5. Gross Domestic Product: Annual." FRED. Accessed December 17, 2021. https://fred.stlouisfed.org/release/tables?rid=53&eid=41047.
7. Salary Explorer. "Factory and Manufacturing Average Salaries in India 2021." Accessed December 15, 2021. http://www.salaryexplorer.com/salary-survey.php?loc=100&loctype=1&job=33&jobtype=1.
8. World Population Review. "GDP Ranked by Country 2021." Accessed December 15, 2021. https://worldpopulationreview.com/countries/countries-by-gdp/.
9. See: Bloom, Nicholas, et al. "The Impact of Chinese Trade on U.S. Employment: The Good, The Bad, and The Debatable." July 2019. https://nbloom.people.stanford.edu/sites/g/files/sbiybj4746/f/bhkl_posted_draft.pdf.
See also: Feenstra, Robert C., and Akira Sasahara. "The 'China Shock', Exports and U.S. Employment: A Global Input-Output Analysis." National Bureau of Economic Research, November 20, 2017. https://www.nber.org/papers/w24022.
10. Moody's Analytics. "Trade War Chicken: The Tariffs and the Damage Done." September 2019. https://www.moodysanalytics.com/-/media/article/2019/trade-war-chicken.pdf.

第7章

1. Siblis Research. "Total Market Value of U.S. Stock Market." October 12, 2021. https://siblisresearch.com/data/us-stock-market-value/.
2. Goldman Sachs. "Global Macro Research: Buyback Realities." Issue 77, April 11, 2019. https://www.goldmansachs.com/insights/pages/top-of-mind/buyback-realities/report.pdf.

第8章

1. Ross, Stephen A., Randolph Westerfield, and Bradford D. Jordan. *Fundamentals of Corporate Finance*. New York: McGraw Hill, 2012.

2. See: Belanger, Lydia. "Global 500." *Fortune*, May 18, 2020. https://fortune.com/global500/2019/.
   See also: Meier, Stephan, and Lea Cassar. "Stop Talking about How CSR Helps Your Bottom Line." *Harvard Business Review*, January 31, 2018. https://hbr.org/2018/01/stop-talking-about-how-csr-helps-your-bottom-line#:~:text=Today%2C%20Fortune%20Global%20500%20firms,a%20year%20on%20CSR%20activities.
3. Bureau of Economic Analysis, U.S. Department of Commerce. "Table 14. Gross Domestic Product by Industry Group." Data for 2020. Accessed December 15, 2021. https://www.bea.gov/data/gdp/gdp-industry.
4. Bank for International Settlements. "Explorer: DER. Table D5.1." Accessed December 15, 2021. https://stats.bis.org/statx/srs/tseries/OTC_DERIV/H:A:A:A:5J:A:5J:A:TO1:TO1:A:A:3:C?t=D5.1&p=20172&x=DER_RISK.3.CL_MARKET_RISK.T:B:D:A&o=w:19981.,s:line.nn,t:Derivatives%20risk%20category.
5. Pensions & Investments. "80% of Equity Market Cap Held by Institutions." *Pensions & Investments*, April 25, 2017. https://www.pionline.com/article/20170425/INTERACTIVE/170429926/80-of-equity-market-cap-held-by-institutions.
6. U.S. Securities and Exchange Commission. "17 CFR Part 240—Procedural Requirements and Resubmission Thresholds under Exchange Act Rule 14a-8." Accessed December 15, 2021. https://www.sec.gov/rules/final/2020/34-89964.pdf.
7. Tonello, Matteo. "Shareholder Voting in the United States: Trends and Statistics on the 2015–2018 Proxy Season." Harvard Law School Forum on Corporate Governance, November 26, 2018. https://corpgov.law.harvard.edu/2018/11/26/shareholder-voting-in-the-united-states-trends-and-statistics-on-the-2015-2018-proxy-season/.
8. Parker, Ashley, and Philip Rucker. "Trump Taps Kushner to Lead a SWAT Team to Fix Government with Business Ideas." *Washington Post*, March 26, 2017. https://www.washingtonpost.com/politics/trump-taps-kushner-to-lead-a-swat-team-to-fix-government-with-business-ideas/2017/03/26/9714a8b6-1254-11e7-ada0-1489b735b3a3_story.html.
9. Business Roundtable. "One Year Later: Purpose of a Corporation." Accessed December 15, 2021. https://purpose.businessroundtable.org/#:~:text=In%20its%20place%2C%20the%20CEOs,communities%20in%20which%20they%20operate.
10. Zernike, Kate. "Tea Party Set to Win Enough Races for Wide Influence." *New York Times*, October 15, 2010. https://www.nytimes.com/2010/10/15/us/politics/15teaparty.html.

第 9 章

1. Grullon, Gustavo, Yelena Larkin, and Roni Michaely. "Are U.S. Industries Becoming More Concentrated?" June 2016. https://www.cicfconf.org/sites/default/files/paper_388.pdf.
2. Barclays. "Increased Corporate Concentration and the Influence of Market Power." Barclays Impact Series, March 26, 2019. https://www.cib.barclays/content/dam/barclaysmicrosites/ibpublic/documents/our-insights/MarketPower/Barclays-ImpactSeries5-MarketPower_final_2.4MB.pdf.
   Also: Wessel, David. "Is Lack of Competition Strangling the U.S. Economy?" *Harvard Business Review*, April 3, 2020. https://hbr.org/2018/03/is-lack-of-competition-strangling-the-u-s-economy.

3. U.S. Small Business Administration. "About S.B.A." Accessed December 15, 2021. https://www.sba.gov/about-sba.

第 10 章

1. Keynes, John Maynard, and Paul R. Krugman. *The General Theory of Employment, Interest, and Money*. Hampshire: Palgrave Macmillan, 2011.
2. Federal Reserve Bank of St. Louis. "All-Transactions House Price Index for the United States." FRED, November 30, 2021. https://fred.stlouisfed.org/series/USSTHPI.
3. Federal Reserve Bank of St. Louis. "Median Household Income in the United States." FRED, September 15, 2021. https://fred.stlouisfed.org/series/MEHOINUSA646N.
4. Federal Reserve Bank of St. Louis. "All-Transactions House Price Index for the United States." FRED, November 30, 2021. https://fred.stlouisfed.org/series/USSTHPI.

第 11 章

1. Galbraith, John Kenneth. Money: *Whence It Came, Where It Went*. Boston: Houghton Mifflin, 1995.
2. Federal Reserve Bank of St. Louis. "M1." FRED, November 23, 2021. https://fred.stlouisfed.org/series/M1SL.
3. Marton, Adam. "Inflation in Hungary after the Second World War." *Hungarian Statistical Review*, Special Number 15. Accessed December 15, 2021. https://www.ksh.hu/statszemle_archive/2012/2012_K15/2012_K15_003.pdf.
4. Federal Reserve Bank of St. Louis. "Assets: Securities Held Outright: Securities Held Outright: Wednesday Level." FRED, December 9, 2021. https://fred.stlouisfed.org/series/WSHOSHO.
5. Davidson, Kate. "Fed Sent $88.5 Billion in Profits to U.S. Treasury in 2020." *Wall Street Journal*, January 11, 2021. https://www.wsj.com/articles/fed-sent-88-5-billion-in-profits-to-u-s-treasury-in-2020-11610384401.

第 13 章

1. Sorkin, Andrew Ross. "Were the Airline Bailouts Really Needed?" *New York Times*, March 16, 2021. https://www.nytimes.com/2021/03/16/business/dealbook/airline-bailouts.html?searchResultPosition=1.
2. Gebeloff, Robert. "Who Owns Stocks? Explaining the Rise in Inequality during the Pandemic." *New York Times*, January 26, 2021. https://www.nytimes.com/2021/01/26/upshot/stocks-pandemic-inequality.html.
Also: Wolff, Edward N. "Household Wealth Trends in the United States, 1962 to 2016: Has Middle Class Wealth Recovered?" National Bureau of Economic Research, November 2017. https://www.nber.org/system/files/working_papers/w24085/w24085.pdf.

第 14 章

1. Organisation for Economic Co-operation and Development. "General Government Spending—OECD Data." Accessed December 15, 2021. https://data.oecd.org/gga/general-government-

spending.htm.
2. U.S. Office of Management and Budget. "Budget of the United States Government." March 17, 2021. https://www.govinfo.gov/content/pkg/BUDGET-2021-APP/pdf/BUDGET-2021-APP.pdf.
3. U.S. Department of the Treasury. "Debt to the Penny." U.S. Treasury Fiscal Data. Accessed December 15, 2021. https://fiscaldata.treasury.gov/datasets/debt-to-the-penny/debt-to-the-penny.
4. All figures in this paragraph are from: The White House. "Historical Tables, Table 1.1—Summary of Receipts, Outlays, and Surpluses or Deficits (-) as a Percentage of GDP: 1930–2026." Office of Management and Budget. Accessed December 15, 2021. https://www.whitehouse.gov/omb/historical-tables/.
5. The median household in America in 2020 had 2.53 people (U.S. Census Bureau. "Historical Households Table HH-6. Average Population Per Household and Family: 1940 to Present." November 22, 2021. https://www.census.gov/data/tables/time-series/demo/families/households.html) and an income of $67,521 (Federal Reserve Bank of St. Louis. "Real Median Household Income in the United States." FRED, September 15, 2021. https://fred.stlouisfed.org/series/MEHOINUSA646N).
6. Congressional Budget Office. "Federal Net Interest Costs: A Primer." December 2020. https://www.cbo.gov/publication/56910.
7. Northwestern Mutual Life Insurance Company. "Planning & Progress Study 2018—Depths of Debt." Accessed December 16, 2021. https://news.northwesternmutual.com/planning-and-progress-2018.
8. Student Loan Hero. "A Look at the Shocking Student Loan Debt Statistics for 2021." January 27, 2021. https://studentloanhero.com/student-loan-debt-statistics/.
9. Congressional Budget Office. "Federal Net Interest Costs: A Primer." December 2020. https://www.cbo.gov/publication/56910#_idTextAnchor038.
10. Garcia, Jorge Luis, et al. "Quantifying the Life-cycle Benefits of an Influential Early Childhood Program." February 2019. http://humcap.uchicago.edu/RePEc/hka/wpaper/Garcia_Heckman_Leaf_etal_2016_life-cycle-benefits-ecp_r2.pdf.
11. Rosenthal, Brian M. "The Most Expensive Mile of Subway Track on Earth." *New York Times*, December 29, 2017. https://www.nytimes.com/2017/12/28/nyregion/new-york-subway-construction-costs.html.
12. U.S. Treasury. "Major Holders of Treasury Securities." Accessed December 16, 2021. https://ticdata.treasury.gov/Publish/mfh.txt.
13. Ibid.
14. Zandi, Mark, and Bernard Yaros. "Playing a Dangerous Game with the Debt Limit." Moody's Analytics, September 21, 2021. https://www.moodysanalytics.com/-/media/article/2021/playing-a-dangerous-game-with-the-debt-limit.pdf.
15. U.S. House of Representatives Committee on the Budget. "CBO Confirms GOP Tax Law Contributes to Darkening Fiscal Future." House Budget Committee, April 15, 2020. https://budget.house.gov/publications/report/cbo-confirms-gop-tax-law-contributes-darkening-fiscal-future#:~:text=CBO%20projected%20that%20the%20tax,as%20the%20economy%20grew%20faster.

第 15 章

1. Madison, Lucy. "Elizabeth Warren: 'There Is Nobody in This Country Who Got Rich on His Own.'" CBS News, September 22, 2011. https://www.cbsnews.com/news/elizabeth-warren-there-is-nobody-in-this-country-who-got-rich-on-his-own/.
2. U.S. Bureau of Labor Statistics. "Union Members Summary." January 22, 2021. https://www.bls.gov/news.release/union2.nr0.htm.
   Also: Greenhouse, Steven. "Union Membership in U.S. Fell to a 70-Year Low Last Year." *New York Times*, January 21, 2011. https://www.nytimes.com/2011/01/22/business/22union.html.
3. Card, David, and Alan B. Krueger. "Minimum Wages and Employment: A Case Study of the Fast Food Industry in New Jersey and Pennsylvania." National Bureau of Economic Research, October 1, 1993. https://www.nber.org/papers/w4509#:~:text=David%20Card%2C%20Alan%20B.,Krueger&text=On%20April%201%2C%201992%20New,the%20rise%20in%20the%20minimum.
4. Wee, Heesun. "'Made in USA' Fuels New Manufacturing Hubs in Apparel." CNBC, September 23, 2013. https://www.cnbc.com/2013/09/23/inside-made-in-the-usa-showcasing-skilled-garment-workers.html#:~:text=More%20than%2097%20percent%20of,the%20U.S.%20was%20made%20domestically.
5. Ashenfelter, Orley, and Štěpán Jurajda. "Wages, Minimum Wages, and Price Pass-Through: The Case of McDonald's Restaurants." Working paper, Princeton University, January 2021. https://dataspace.princeton.edu/bitstream/88435/dsp01sb397c318/4/646.pdf.
6. American Society of Civil Engineers. "Investment Gap 2020–2029: ASCE's 2021 Infrastructure Report Card." July 19, 2021. https://infrastructurereportcard.org/resources/investment-gap-2020-2029/.
7. Carroll, Linda. "More than a Third of U.S. Healthcare Costs Go to Bureaucracy." Thomson Reuters, January 6, 2020. https://www.reuters.com/article/us-health-costs-administration/more-than-a-third-of-u-s-healthcare-costs-go-to-bureaucracy-idUSKBN1Z5261.
   Also: Frakt, Austin. "Is Medicare for All the Answer to Sky-High Administrative Costs?" *New York Times*, October 15, 2018. https://www.nytimes.com/2018/10/15/upshot/is-medicare-for-all-the-answer-to-sky-high-administrative-costs.html.

第 16 章

1. McMahon, E. J. "NYC's High-Income Tax Habit." Empire Center for Public Policy, October 25, 2018. https://www.empirecenter.org/publications/nycs-high-income-tax-habit/.
2. Young, Cristobal, and Charles Varner. "Do Millionaires Migrate When Tax Rates Are Raised?" *Stanford University Pathways*, Summer 2014. https://inequality.stanford.edu/sites/default/files/media/_media/pdf/pathways/summer_2014/Path ways_Summer_2014_YoungVarner.pdf.
3. U.S. Congressional Budget Office. "Revenues in Fiscal Year 2020: An Infographic." April 30, 2021. https://www.cbo.gov/publication/57173.
4. Madison, Lucy. "Fact-Checking Romney's '47 Percent' Comment." CBS News, September 25, 2012. https://www.cbsnews.com/news/fact-checking-romneys-47-percent-comment/.
5. Saez, Emmanuel, and Gabriel Zucman. *The Triumph of Injustice: How the Rich Dodge Taxes and How to Make Them Pay*. New York: W. W. Norton, 2020.

6. Eisinger, Jesse, Jeff Ernsthausen, and Paul Kiel. "The Secret IRS Files: Trove of Never-before-Seen Records Reveal How the Wealthiest Avoid Income Tax." ProPublica. Accessed December 16, 2021. https://www.propublica.org/article/the-secret-irs-files-trove-of-never-before-seen-records-reveal-how-the-wealthiest-avoid-income-tax.
7. U.S. Internal Revenue Service. "IRS Provides Tax Inflation Adjustments for Tax Year 2020." November 6, 2019. https://www.irs.gov/newsroom/irs-provides-tax-inflation-adjustments-for-tax-year-2020#:~:text=For%20single%20taxpayers%20and%20married,tax%20year%202020%2C%20up%20%24300.
8. Leiserson, Greg, and Danny Yagan. "What Is the Average Federal Individual Income Tax Rate on the Wealthiest Americans?" *The White House Blog*, November 30, 2021. https://www.whitehouse.gov/cea/blog/2021/09/23/what-is-the-average-federal-individual-income-tax-rate-on-the-wealthiest-americans/.
9. All the statistics in this paragraph come from:Sarin, Natasha. "The I.R.S. Is Outgunned." *New York Times*, October 2, 2020. https://www.nytimes.com/2020/10/02/opinion/sunday/irs-tax-income-inequality.html. And: Summers, Lawrence H., and Natasha Sarin. "Opinion: Yes, Our Tax System Needs Reform. Let's Start with This First Step." *Washington Post*, November 22, 2019. https://www.washingtonpost.com/opinions/yes-our-tax-system-needs-reform-lets-start-with-this-first-step/2019/11/17/4d23f8d4-07dd-11ea-924a-28d87132c7ec_story.html.
10. Frank, Robert H. "Without More Enforcement, Tax Evasion Will Spread Like a Virus." *New York Times*, October 30, 2020. https://www.nytimes.com/2020/10/30/business/tax-evasion-virus-IRS.html?searchResultPosition=3.
11. Bump, Philip. "The 25 Top Hedge Fund Managers Earn More than All Kindergarten Teachers Combined." *Washington Post*, November 25, 2021. https://www.washingtonpost.com/news/the-fix/wp/2015/05/12/the-top-25-hedge-fund-managers-earn-more-than-all-kindergarten-teachers-combined/.
12. Moore, Molly. "Old Money, New Money Flee France and Its Wealth Tax." *Washington Post*, July 16, 2006. https://www.washingtonpost.com/archive/politics/2006/07/16/old-money-new-money-flee-france-and-its-wealth-tax/49ac2ec7-c1b2-423e-a89b-699750275cd4/.
13. Tax Policy Center of the Urban Institute & Brookings Institution. "How Many People Pay the Estate Tax?" Accessed December 16, 2021. https://www.taxpolicycenter.org/briefing-book/how-many-people-pay-estate-tax.
14. Eisen, Ben, and Anne Tergesen. "Older Americans Stockpiled a Record $35 Trillion. The Time Has Come to Give It Away." *Wall Street Journal*, July 2, 2021. https://www.wsj.com/articles/older-americans-35-trillion-wealth-giving-away-heirs-philanthropy-11625234216.
15. Batchelder, Lily. "Leveling the Playing Field between Inherited Income and Income from Work through an Inheritance Tax." New York University School of Law. Accessed December 16, 2021. https://www.hamiltonproject.org/assets/files/Batchelder_LO_FINAL.pdf.
16. Congressional Budget Office. "Revenues in Fiscal Year 2020: An Infographic." April 30, 2021. https://www.cbo.gov/publication/57173.
17. Hodge, Scott A. "The Compliance Costs of IRS Regulations." Tax Foundation, June 15, 2020. https://taxfoundation.org/compliance-costs-irs-regulations/.
18. The White House. "Historical Tables, Table 1.2—Summary of Receipts, Outlays, and Surpluses or Deficits (-) as a Percentage of GDP: 1930–2026." Office of Management and Budget. Accessed December 17, 2021. https://www.whitehouse.gov/omb/historical-tables/.

19. Congressional Budget Office. "The Federal Budget in 2019: An Infographic." April 15, 2020. https://www.cbo.gov/publication/56324.
20. Center on Budget and Policy Priorities. "Policy Basics: Where Do Our Federal Tax Dollars Go?" April 9, 2020. https://www.cbpp.org/research/federal-budget/policy-basics-where-do-our-federal-tax-dollars-go.
21. Tax Policy Center of the Urban Institute & Brookings Institution. "How Does the Federal Government Spend Its Money?" Accessed December 16, 2021. https://www.taxpolicycenter.org/briefing-book/how-does-federal-government-spend-its-money#:~:text=How%20does%20the%20federal%20government%20spend%20its%20money%3F,totaled%20%244.4%20trillion%20in%202019.
22. Pomerleau, Kyle. "Does Andrew Yang's 'Freedom Dividend' Proposal Add Up?" Tax Foundation, January 2, 2020. https://taxfoundation.org/andrew-yang-value-added-tax-universal-basic-income/.

致 谢

本书得以付梓有赖于各位友人的帮助，其中有助我更充分理解美国经济运作方式的友人，也有不厌其烦地听我对美国经济发表长篇大论的朋友，正是有了他们的反馈，我才得以言简意赅、通顺连贯地完成这部作品。这些朋友中既有我父亲在布鲁克林迈特食品店（Met Foods Store）的同事，也有纽约大学（NYU）和兰德男子学院（Lander College for Men）的学生。我很幸运能结识这么多有趣且乐于助人的朋友，对此我感激不尽。

其中几位直接参与了本书的创作。格雷丝·莱耶（Grace Layer）对书稿做了多次细致的编辑，如果没有她的帮助，本书无法成形。格雷斯的编辑能力超群。《经济学连环画》（*Economix*）一书的作者迈克尔·古德温（Michael Goodwin）不仅逐字逐句地审阅了书稿，还帮我修饰那些表达本人观点的语言，使其更浅显易懂、引人入胜。我的爱人大卫·伯曼（David Berman）仔细审阅了书稿，他对本书的意见让我受益良多，此外，如果我们没有对书中许多观点进行讨论，这些观点就无法呈现在纸上。美联储纽约银行的安东尼·马丁（Antoine Martin）审阅了书中有关美联储的章节，还给我讲述了美联储运营的核心内容。最后，感谢我的编辑——普罗米修斯图书公司（Prometheus Books）的杰克·博纳（Jake Bonar）对我的巨大帮助。他虽然是最后一位审稿人，但为使本书尽善尽美提出了许多具有建设性的改进意见。

如果没有我的代理人苏珊·舒尔曼（Susan Schulman）的辛苦付出，这本书也无法出版。我由衷地感谢她毅然接受了一位初出茅庐的作者撰写的非畅销主题的书稿。感谢苏珊的版权总监琳达·米高蒂（Linda Migalti）为本书处理音频及国外版权相关事宜。

我还要感谢几位朋友对本书创作的辛苦付出。莎莉·洛克（Sari Locker）帮助我构思本书的框架，如果没有这些框架，本书也就无法获得苏珊的认可。在我有意出版本书的时候，贝基·吉万（Becky Givan）就告诉我与出版相关的关键信息并提出了建议。瑞恩·桑瑟尔（Ryan Senser）献计献策，帮我最终确定了本书的标题。衷心感谢这些朋友，以及给予我支持、鼓励的朋友和家人。